装配式桥梁建造关键技术

张 涛 等 编著

中国建筑工业出版社

图书在版编目(CIP)数据

装配式桥梁建造关键技术 / 张涛等编著. — 北京：中国建筑工业出版社，2023.9
ISBN 978-7-112-29048-2

Ⅰ.①装… Ⅱ.①张… Ⅲ.①装配式梁桥—桥梁施工 Ⅳ.①U448.21

中国国家版本馆 CIP 数据核字（2023）第 155064 号

责任编辑：杨 允 李静伟
责任校对：张 颖

装配式桥梁建造关键技术
张 涛 等 编著

*

中国建筑工业出版社出版、发行（北京海淀三里河路9号）
各地新华书店、建筑书店经销
国排高科（北京）信息技术有限公司制版
天津翔远印刷有限公司印刷

*

开本：787毫米×1092毫米 1/16 印张：14¾ 字数：321千字
2023年9月第一版 2023年9月第一次印刷
定价：69.00 元
ISBN 978-7-112-29048-2
（41646）

版权所有 翻印必究
如有内容及印装质量问题，请联系本社读者服务中心退换
电话：（010）58337283 QQ：2885381756
（地址：北京海淀三里河路9号中国建筑工业出版社604室 邮政编码：100037）

本书编著人员名单

主要编著人员： 张　涛　万雨帆　侯亚辉　李旭良　崔立恒　陈平达
　　　　　　　　张成明　连光炜　高　涛

参与编著人员： 寇忠安　马　兵　张　涛（1982年生）　姜祚仟　刘怀胜
　　　　　　　　郭汶朋　徐致远　曹景磊　苏京梁　闫　尚　张为龙
　　　　　　　　杨　森　赵连启　李　东　生兆树　刘　东　王壮壮
　　　　　　　　陈延凯　郭志豪　李先锋

FOREWORD | 前 言

　　桥梁工程建造逐渐向工业化和信息化发展，传统的现浇施工工艺正逐步被预制装配化所取代。济微高速济宁机场到微山湖段总长 57.729km，该路段桥梁占比高，桥梁上下部结构均采用装配式构件拼装修建，具有较强的施工工艺特色和较高的研究推广价值。本书依托该工程，以装配式桥梁的规划、设计、施工及实施过程中的关键技术成果编著而成。

　　桥梁预制安装施工法在 20 世纪早期就已有应用，但应用范围不大。随着公路网的规划建设以及城市化进程的加速，传统的现场浇筑施工建造面临越来越多的挑战。一方面，传统现场施工对城市交通影响巨大，易受天气等因素影响，施工时间长，污染严重，严重干扰居民的正常生活，同时工程质量不易保证；另一方面，传统施工工艺在处理如跨海桥梁工程、海上施工平台或复杂的气候条件时常出现质量问题。与此同时，快速施工和绿色施工的需求越来越高，预制拼装将成为桥梁建造技术发展的重要趋势。

　　本书根据装配式桥梁的设计、施工及各阶段的相关研究成果，对装配式桥梁的设计优化、施工工艺流程及关键技术要点等进行了总结和归纳，包括不同连接构造的连接性能和抗震水平、预制厂站的选址及功能划分、构件制作工艺流程及现场施工控制、高强度大流态无收缩灌浆料的研发及应用关键技术等内容。在保证构件预制和桥梁施工质量的同时，通过引入先进的信息技术和最新的工艺控制流程，改进了构件节点的连接性能、缩短了施工总工期，降低了人员投入，提高了构件预制、装配的效率，可为装配式桥梁的设计、施工提供参考和工程指导。

本书由 5 个模块共 10 章组成：第 1 章介绍了装配式桥梁的研究背景与意义；第 2 章介绍了装配式结构的发展现状及面临的主要问题；第 3 章介绍了济微高速工程概况；第 4 章为装配式桥梁下部结构连接构造的设计及连接构造的连接性能试验；第 5 章为典型连接构造的装配式桥梁下部结构抗震性能仿真分析；第 6 章介绍了预制厂站选址、功能需求及划分，以及预制厂站的标准化、信息化建设；第 7 章介绍了墩柱、盖梁、箱梁、T 梁等典型装配式构件的预制工艺及流程；第 8 章介绍了装配式桥梁施工的基本管控措施；第 9 章介绍了墩柱、盖梁、箱梁、T 梁等典型装配式构件现场的施工方法及流程；第 10 章介绍了 C100 大流态无收缩水泥及灌浆料研发与应用关键技术。

本书由张涛担任主编，主要编著人员和参编人员提供了大量图片和数据资料。编写过程中得到了山东科技大学道路与桥梁工程系单景松、聂瑞锋及研究生张家源、张登岳等大力支持，在此一并表示感谢。

由于桥梁设计理念和施工技术的飞速发展，新技术、新方法不断涌现，加之编者水平有限，书中难免存在疏漏和不足之处，恳请读者批评指正。

CONTENTS | 目 录

第一篇　概况篇

第1章　研究背景与意义 /003

第2章　装配式结构发展概况 /006
    2.1　装配式混凝土结构的发展 / 006
    2.2　装配式桥梁发展现状 / 009
    2.3　装配式桥梁面临的主要问题 / 012

第3章　背景工程简介 /013
    3.1　工程范围和规模 / 013
    3.2　设计标准及主要技术指标 / 013
    3.3　全桥主要工程数量 / 014

第二篇　设计篇

第4章　装配式桥梁下部连接构造设计 /019
    4.1　下部结构连接构造试验 / 021
    4.2　试件加载 / 029
    4.3　破坏模式及结果分析 / 030
    4.4　本章小结 / 053

第 5 章　装配式桥梁下部结构受力特性仿真 / 054

5.1　连接形式 / 054

5.2　有限元模型建立 / 054

5.3　试件破坏形态 / 063

5.4　滞回曲线 / 069

5.5　骨架曲线 / 071

5.6　累积耗能 / 072

5.7　刚度退化 / 073

5.8　延性分析 / 074

5.9　本章小结 / 075

第三篇　预制篇

第 6 章　预制厂站 / 079

6.1　预制厂选址 / 079

6.2　预制工厂功能需求及区域划分 / 080

6.3　安全文明施工保证体系及保证措施 / 091

6.4　工程标准化、信息化建设 / 093

第 7 章　装配式构件生产流程 / 098

7.1　预制构件分类 / 098

7.2　墩柱 / 098

7.3　盖梁 / 115

7.4　箱梁 / 120

7.5　T 梁 / 140

第四篇　施工篇

第 8 章　施工控制与管理 / 153

8.1　总体进度、质量、安全、文明施工目标 / 153

  8.2 工期、质量保证体系及保证措施 / 155

  8.3 安全文明施工保证体系及保证措施 / 158

  8.4 项目风险预测与防范，事故应急预案 / 162

第 9 章 装配式桥梁施工方法 / 166

  9.1 钻孔灌注桩施工 / 166

  9.2 装配式墩柱施工 / 170

  9.3 装配式盖梁施工 / 176

  9.4 装配式箱梁施工 / 178

  9.5 装配式 T 梁施工 / 184

  9.6 交工验收组织机构 / 187

  9.7 交工验收条件 / 188

  9.8 交工验收程序 / 188

第五篇 提升篇

第 10 章 C100 大流态无收缩水泥及灌浆料研发与应用关键技术 / 193

  10.1 原材料与试验方法 / 193

  10.2 C100 大流态无收缩水泥基灌浆料专用功能助剂研发 / 198

  10.3 高强大流态无收缩灌浆料组成设计与制备关键技术 / 209

  10.4 高强大流态无收缩灌浆料施工工艺 / 224

第一篇

概况篇

第 1 章
研究背景与意义

预制装配式混凝土结构（Prefabricated Concrete Structure）是以工厂预制构件为主，经装配、连接而成的混凝土结构。其具有工业化程度高、节省材料、对环境影响小、施工方便、现场湿作业量及工人数量少、提高施工质量和安全性、建造速度快、减少交通中断等优点，是新型建筑和桥梁工业化发展的方向。国内预制拼装技术的研究起步较晚，近年来随着研究的深入和技术设备的进步，建筑结构的预制装配式技术得到了广泛的应用和发展。桥梁上部结构的节段预制拼装技术已经较为成熟，桥梁下部结构预制拼装技术的研究和应用也逐步发展起来，如近年的港珠澳大桥、东海大桥、杭州湾跨海大桥、上海长江大桥等工程的桥墩墩柱均采用预制拼装的施工工艺。随着桥梁建设的发展和技术的进步，桥梁建造正朝着设计标准化、生产工厂化、施工装配化和机械化、管理信息化的方向发展。因此，包含节段预制拼装梁、墩柱在内的全预制拼装技术必将成为今后桥梁主要施工方法之一。

相对于传统的桥梁施工方法，装配式施工的优势主要表现在：

（1）施工效率高。模块化设计及预制装配式施工具有流水化作业程度高的特点，可有效缩短工期、提升施工质量、大大减少桥梁施工的现场作业，对城市交通流的影响也可降到最低。

（2）节能环保。预制构件均已在工厂内制作完成，节约模板用材及施工场地，避免了现场施工对环境的污染，同时降低施工噪声，减少现场物料堆放等。

装配式桥梁具有传统桥梁建造方法无法比拟的诸多优点，符合我国节约资源、保护环境的理念，是我国桥梁建造业可持续发展的必然趋势。

桥梁的装配式建造是加快施工速度、减少现场污染、实现低碳化建设的有效手段。在国家政策的引导下，装配式结构在桥梁工程中虽然已得到了部分应用，但是尚未大规模推广，发展潜力巨大。加快推动装配式桥梁的发展，将桥梁建造从传统的作业方式向现代化施工模式提升，减轻桥梁在建造、使用、拆除的全生命周期内对环境资源的压力，提高桥梁的现代化建设管理水平。

在装配式结构体系中，结构的整体性是装配式结构最重要的耐久性衡量指标之一，预制构件之间的钢筋连接技术是整个结构安全的关键。对于预制构件钢筋的连接问题，传统的处理方式主要采用焊接和螺栓连接。其中，焊接连接易出现气孔、焊穿、咬边等问题，同时在焊缝交界处易出现应力集中，降低了节点的疲劳性能且构件间的连接质量难以得到保证；而对于螺栓连接，螺栓的连接质量受螺栓本身质量和工人操作的影响显著，稍有差错，连接承载力会大幅降低，同时螺栓配件需求量巨大，势必会提高工程成本。20世纪60年代，美籍华裔科学家余占疏发明的灌浆套筒连接接头很好地解决了预制构件间钢筋连接的技术问题，进一步提高了预制构件的结构整体性。

钢筋套筒接头连接凭借其优异的性能、低廉的成本、便利的施工等优点，能够很好地弥补传统焊接连接和螺栓连接的不足，已逐渐成为装配式建筑预制构件最为常用的连接方式。其连接的原理为：在预制混凝土构件安装过程中，将特殊的水泥基灌浆材料注入插入有钢筋的钢筋套筒中，在灌浆料硬化后牢固地连接钢筋和钢套，从而达到传递荷载、保证结构整体性的目的。而在整个钢筋套筒体系中起到粘结作用的水泥基灌浆料是至关重要的，灌浆料能够把上部钢筋、钢筋套筒、下部钢筋连接成一个整体，其构造如图1-1所示。

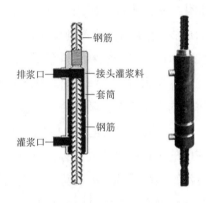

图1-1 钢筋套筒连接原理示意图

研究证明，装配式建筑预制构件纵向钢筋连接的好坏，不仅取决于钢筋套筒的整体质量，而且水泥基灌浆材料的性能也影响着钢筋套筒连接整体构件的连接效果与工作性能，同时灌浆料还决定着整个连接结构系统的安全性及耐久性。随着我国建筑工业化进程的不断深入，各类施工环境日益复杂严峻，对时下热门的装配式建筑而言，传统的水泥基灌浆料难以适应多变的施工环境，随之也出现了诸如强度低、流动度差等工程施工问题。因此，研制出一种高强度、大流动度、微膨胀率的装配式灌浆套筒用的水泥基灌浆料具有深远的意义和现实的价值，可以借此进一步推动装配式建筑的发展。

水泥基灌浆料是一种由水泥、细骨料、外加剂和矿物掺合料等混合组成的建筑材料，使用过程中通过加水拌合，即可快速得到一种高流态、黏聚性好、有微膨胀性、承载力高、耐久性好的高强砂浆建材，与传统细石混凝土相比，具有流动度大、强度高、易于施工的特点，因此广泛应用于传统施工混凝土构件约束锚固、钢筋连接、裂缝修复、建筑加固和地基处理等领域。

水泥基灌浆材料作为一种优异的填充材料已受到越来越多技术人员的青睐，并得到巨大发展。我国也相继出台多项相关标准，为其发展奠定了坚实基础。随着新材料的推陈出新，学者对灌浆材料展开了多方面的研究，取得了丰硕成果，如开发出低收缩或无收缩灌浆料、C80 高强灌浆料和碎石灌浆料等。但其在应用过程中仍存在诸多不容忽视的问题：首先，由于灌浆料流动性和均质性偏差，往往导致灌浆不饱满，钢筋有效锚固长度达不到设计要求；在空间较大的部位或间隙较大的缝隙中，其仍存在微观收缩明显、材料耗用多、成本大的问题。其次，灌浆料弹性模量较普通混凝土偏低，其在对混凝土工程进行修补过程中，与原有混凝土的弹性模量不一致，受力后易因应力集中而先于混凝土破坏。最后，在水泥基灌浆材料实际使用过程中，特别是采用人工搅拌时，其加水量易失去控制，搅拌不均匀，经常会出现泌水离析、早期强度低和质量事故。总体而言，现阶段对于水泥基灌浆材料的配制缺少规范性文件指导，且其应用范围受限，有待进一步研究；同时，对其性能的研究缺少多性能间的系统研究；此外，对于水泥基灌浆材料的耐久性问题亦有待进一步探索。虽然我国目前已颁布了多项关于灌浆料的标准，但是关于 C100 高强或超高强灌浆料的研究仍鲜有报道。

当前，随着国家推进建筑产业现代化和促进传统建筑业转型升级政策的逐步实施，住房和城乡建设部和交通运输部均明确提出了大力发展装配式建筑，不断提高装配式建筑在新建筑中比例的重大战略。对装配式桥梁下部结构连接构造的连接形式、连接力学性能，以及连接部位的灌浆料性能等关键问题开展试验研究和理论分析，研究不同连接构造的节点及试件的力学行为，揭示不同连接构造的破坏机理，并在研究的基础上彻底解决装配式桥梁下部结构的节点连接问题，保证结构的安全性与可靠性。同时，在研究的结果上给出相关建议，为设计规范的编撰和施工过程的控制提供借鉴和参考。

第2章
装配式结构发展概况

2.1 装配式混凝土结构的发展

2.1.1 装配式混凝土结构在国外的发展

在19世纪70年代中期,欧洲建造业比较发达的英国率先申请了鼻祖级别的专利"Improvement in the Construction of Buildings",这个专利的申请者是著名工程师Lascell,专利号是2451。专利申请后的一段时间里,该专利得到越来越多设计人员运用,使得装配式结构如雨后春笋般出现。这个专利表达的含义是先现浇主体结构(常用的是承重梁柱等),再把预制好的墙板和楼板通过起重机械和人的配合,精确地安装在相应的位置处。Lascell所创建的结构模式,不仅减少修筑房屋的总花费,而且对没有经过专门建筑方面培训的工人也可以参与操作修筑。随着时间的流逝,早期的装配式结构保存完好的不多,现存为数不多的两栋装配式混凝土结构建筑位于英国洛克伊登郡锡德纳姆大街上,建造于1883年,如图2-1所示。在非承重结构中,Lasecll发明的先用混凝土浇筑成窗框,待混凝土凝固后,用混凝土窗框代替工匠制作的木框,结果表明:与传统的木质窗框相比,装配式混凝土窗框降低了造价。

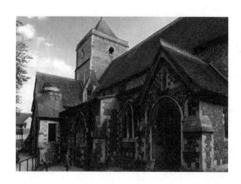

图2-1 现存最早的装配式混凝土结构别墅

1891年,法国开始将预制混凝土构件运用于实际工程中,是世界上最早应用预制混凝土结构的国家之一,迄今已经有120多年的历史,现今法国居民住宅楼多采用预制砌块建造,如图2-2(a)所示。近些年,法国预制装配式建筑结构大多采用框架和板柱体系,以混凝土结构为主,钢、木结构为辅。其中预制构件多采用预应力技术进行生产,如图 2-2(b)所示。采用这种预应力装配式混凝土框架结构体系可以使结构的跨度增加、构件截面高度降低,建筑装配率可达到 80%,节能率可达到 70%。

(a) 预制砌块住宅楼建造　　　　　　(b) 预制预应力混凝土住宅楼

图 2-2　法国装配式住宅

第二次世界大战期间,相较于处在主战场的欧洲,美国基础设施没有受到实质性破坏,这时期,美国在建筑造型方面花费了大量时间,注重建筑的舒适性与安全性。与欧洲相比,美国的预制装配式结构建筑发展特点主要体现在两个方面:(1)美国注重于建筑结构的舒适性与美观性,对于建筑外墙板研究较多;(2)经过较长一段时间后,美国才意识到只注重建筑的外观过于局限,且与欧洲的差距越来越大,因此他们投入了大量时间研究预制结构承重构件(比如梁、板、柱等)。随后,美国的装配式结构在实际工程中得到大量的运用。资料表明,近些年的混凝土建筑中,装配式构件使用比例高达 35% 且使用范围广泛,学校、住宅、医院等场所都有涉及,如图 2-3(a)所示。

工厂预制好的构件运输到现场存在费用昂贵、大型构件运输不便等问题,因此,Thomas T 在 1907 年发明了现场预制装配式混凝土构件的工法,该工法主要特点是在现场进行预制构件的生产,如图 2-3(b)所示。

(a) 预制混凝土结构医院　　　　　　(b) 现场预制构件并吊装

图 2-3　美国预制混凝土结构与现场预制吊装

日本是地震高发国，但预制装配式混凝土结构在高层建筑中使用率很高。通常，低层建筑使用装配式结构，高层、超高层建筑为了安全性尽量使用现浇结构，但日本的建筑思维与其相反，低层建筑使用现浇结构，高层建筑使用预制装配式结构。1~9层的建筑，由于层数少，工作量不大，通常进行现场浇筑；9~20层的建筑，把梁、板、柱先在工厂预制好，然后运输到现场进行拼装，如图2-4（a）所示；楼层大于等于20层时，大多用预制好的构件拼装成一栋楼。虽然日本在20层以上的建筑都使用预制好的构件，但是几乎没有出现过安全事故。

日本处于环太平洋地震带上，地震频发，而预制装配式混凝土结构安全性能优良，经受住了诸多大地震的考验，如1995年阪神大地震，神户的预制装配式混凝土建筑表现出良好的吸能作用，抗震性能优越。图2-4（b）为日本预制装配式建筑现场施工。

新加坡预制混凝土使用量占混凝土总使用量的30%，俄罗斯预制装配式混凝土结构占比约为50%，欧洲其他国家为35%~40%。新西兰在预制构件连接方式上作了较为深入的研究，主要集中在节点构造及连接性能等方面，研发出诸多的高性能节点连接方式，工程中常用的是T形和十字形节点。

(a) 预制框架结构　　　　　　　　(b) 预制建筑施工

图 2-4　日本预制装配式建筑现场

2.1.2　装配式混凝土结构在国内的发展

我国预制装配式结构发展不均衡。在新中国成立之前，社会比较封闭，跟其他国家和地区交流较少。

第一阶段为20世纪50年代，装配式结构开始引起人们的注意，专家学者陆续开展相关研究，装配式结构发展慢慢起步。1956年在苏联的帮助下，我国开始学习他们的工业化思想，并提出建筑工业化发展思路，专业技术人员开始对预制装配式混凝土结构的设计施工进行研究。二十世纪六七十年代，预制构件的制作从施工企业中分离，国内涌现出大批预制构件生产工厂，工厂生产的预制装配式构件产品包含混凝土屋架、空心楼板、屋面梁等，此时的装配式结构形式主要是外挂板式结构和砖壁板式结构。

第二阶段为 1975 年左右，此阶段国内生产技术研发水平落后，大多借鉴国外相关技术。20 世纪 80 年代中期，乡镇企业开始进行预制构件的生产，但规模较小。此阶段生产的装配式构件产品主要包含预制空心楼板、预制楼梯、预制阳台、预制混凝土屋架、预制牛腿柱及大型屋面板等。

第三阶段为 1990—2000 年，我国预制装配式结构进入被忽视阶段，现浇结构是当时的主力军。这个时间段发展低迷的主要原因有以下几点：（1）当时我国正处于改革开放时期，各种高层建筑拔地而起，由于装配式结构技术不够完善，而且一般用在低层建筑中，加之当时混凝土不再是人工运输，而是泵送技术，所以装配式结构发展停滞不前。（2）当时城市大规模发展，很多务农人员从农村到城市务工。（3）预制建筑的一些缺陷影响预制装配式混凝土结构的发展，例如预制建筑设计标准低、结构形式单一、构件跨度小等。

第四阶段为2005年至今，此阶段是预制混凝土结构重新崛起阶段。经济快速发展，人们生活水平提高，现浇结构产生了很多建筑垃圾，加剧了环境污染。以上原因使得我国装配式结构又重新进入专家学者视野，很多企业、房地产开发商为了节约建设成本，大力研究装配式结构体系，很多企业通过和高校合作以及借鉴国外技术，形成了诸多个性鲜明的结构体系，如西伟德结构体系。

2.2 装配式桥梁发展现状

2.2.1 装配式钢筋混凝土箱梁

装配式钢筋混凝土箱梁总体施工工艺为：沿纵向把桥梁的梁体划分节段，在工厂预制后运输至现场桥位进行组拼，并施加预应力使之成为整体。节段预制拼装法主要有长线法和短线法。

（1）长线法

长线法是按照桥梁底缘曲线制作一个足够长度的固定台座，依次序逐块预制，完成半跨至整跨主梁，再脱离节段。该方法为传统技术，施工相对成熟，但对台座基础要求高；当桥梁纵坡变化大时，难以适用。

（2）短线法

预制台座的底模为一个节段的长度，一侧采用端模，另一侧利用预制完成的相邻节段作为端模，逐段预制。短线法节段预制拼装，灵活机动性大，施工速度快，适于梁段类型变化多的桥型，但对模板的灵活性和刚度要求较高，施工精度要求高。按照预制节段之间不同的连接形式，可划分为湿接缝、胶接缝和干接缝等。三者区别在于相邻预制梁段间填充物不同，填充材料包括混凝土或干硬性水泥砂浆、环氧树脂等，干接缝通过榫头和预应力完成连接。随着起重设备能力的提升，大节段整体吊装方法越来越多地用于桥梁建设，减少了拼接缝的数量，将制造及主要的控制工作转移到制作工厂内，减小了现场控制的难度，易于保证施工质量，建造速度更快。

厦门集美大桥总长3470m，分为道路桥和BRT（Bus Rapid Transit，快速公交系统）桥两大部分，跨径布置均为55m+2×100m+55m，两座桥总长620m，根部梁高5.6m，跨中梁高3m；采用短线法预制拼装。

厦门BRT高架桥坐落在交通极度繁忙的厦禾路和莲前路上，为缩短施工工期，减少对现有交通的影响，采用预制节段拼装连续箱梁，其中厦禾路段内预制拼装总长3512m，莲前路及联络线段内预制拼装总长3330m。

2.2.2 装配式钢箱梁

港珠澳大桥采用约16km的钢箱梁和6km的组合梁，是国际上建设规模最大的海上钢结构长桥。钢箱梁自重较轻，在横风作用下稳定性及抗震性能良好。港珠澳大桥如图2-5所示。

图2-5 港珠澳大桥

2.2.3 装配式钢-混凝土组合结构

（1）钢桁腹组合梁

钢桁腹预应力混凝土组合梁桥采用钢桁式腹杆代替混凝土腹板，是一种新型组合结构桥梁，适用于中等跨径或大跨径桥梁结构。如南京绕城高速、江山车行天桥。

（2）装配式组合钢箱梁

装配式组合钢箱梁采用耐候钢、波形钢腹板等新材料，结合双钢箱闭合截面新工艺，提高了承载能力，使得桥梁结构更轻盈，如京港澳高速保定互通小半径曲线桥，其桥墩、盖梁、主梁均实现了工厂化生产和装配化施工。

（3）波形钢腹板组合梁

波形钢腹板组合梁把预应力混凝土箱梁中的混凝土腹板采用波形钢板替代。

（4）波形钢腹板-钢管混凝土组合梁

波形钢腹板-钢管混凝土组合梁桥的桥型结构新颖，由混凝土顶板、钢管混凝土下弦杆、波形钢腹板组合而成，其中波形钢腹板-钢管混凝土制造中的空间曲面焊接问题是结构难点。

(5) H形波形钢梁-GFRP（玻璃纤维增强塑料）桥面板组合梁

H形波形钢梁-GFRP组合桥面板组合梁，主梁采用H形波形钢梁，桥面板采用GFRP桥面板。

(6) 钢箱组合梁

将混凝土桥面板与半闭合钢板箱梁连接成整体形成钢箱组合梁，这种组合梁能够充分发挥钢材所具有的抗拉性能和混凝土所具有的抗压性能。

(7) 钢板组合梁

钢板组合梁是由外露的工字型钢与钢筋混凝土顶板通过剪力键连接形成的一种组合结构。该桥型充分发挥了钢材和混凝土各自的材料性能，承载力高，抗震性能、动力性能好以及施工快捷。曲港高速主线桥采用该结构形式。

(8) 钢桁组合梁

钢桁组合梁以钢管或型钢作为主要受力构件，主梁由上、下弦杆、腹杆和混凝土桥面板组成，是一种具有高强度、高刚度、高稳定性的钢桁组合梁。

2.2.4 预制桥面板

预制桥面板主要为全厚度混凝土桥面板，采用剪力键与主梁进行连接，一般有钢格构桥面系、波纹钢桥面系和华夫板桥面系。其中波纹钢桥面系是利用螺栓将波纹钢板固定在主梁上，用混凝土或沥青混凝土灌注填平。

2.2.5 装配式桥梁墩柱

桥墩通常包含帽梁、墩柱、承台和基础四个部分，装配式桥墩将桥墩分解成若干构件，如承台、柱、盖梁（墩帽）等，在工厂或现场集中预制，再运送到现场装配成桥墩，如图2-6所示。相关研究表明，采用合理的连接形式与构造措施是实现桥墩快速拼装的关键，拼装墩柱的性能与现浇混凝土墩柱等同，甚至具有更好的动力特性，可在中、高地震设防烈度区应用；目前，对预制拼装桥墩的研究和设计分析较多，而对预制拼装桥台研究相对较少。

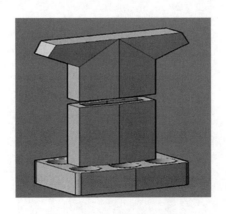

图 2-6 分节式墩台示意图

2.2.6 装配式桥台

桥台通常包含帽梁、台身、翼墙和基础四个部分，构件的划分与连接方式与桥墩类似。由于桥台相对桥墩数量少，故相关的研究和应用更少一些。桥台典型形式有承插式预制拼装桥台和 H 形钢桩。

2.3 装配式桥梁面临的主要问题

装配式下部桥梁结构包括墩柱、承台和盖梁，其预制拼装工艺主要有预留钢筋在承台的埋设、拼接面注浆、各部件的吊装等。在装配式下部桥梁结构的拼装过程中，主要有以下关键技术问题需要多加注意。

（1）埋设预留钢筋的位置和深度如果不准确，承台的方向发生偏差，就会导致墩柱和盖梁之间的对接有缝隙或者不成功，影响桥梁底座的平稳度。

（2）在进行拼接面的注浆时，拼装面坐浆的多少、薄厚或者密度达不到桥梁下部结构建设的具体要求，将会对墩柱和盖梁的拼接质量产生严重的影响，降低桥梁下部结构建设的质量。

（3）墩柱吊装过程中的角度和方向往往会因为操作人员的失误或者方向等外部因素发生偏移或者翻转，这样会导致桥梁下部铺设的混凝土破坏，除此之外，盖梁吊点的受力不均匀同样会造成这样的后果。

（4）压浆过程中也可能因为环境温度和灌浆材料本身质量的问题导致桥梁下部建设质量不符合原先的工艺设计要求。

由以上关于装配式下部桥梁结构拼装过程中的几点关键技术问题来看，提升关键技术的质量控制是工程部门当前最应解决的重要问题。

第 3 章
背景工程简介

3.1 工程范围和规模

济南至微山公路济宁新机场至枣菏高速段，起于济宁市兖州区新驿镇东何家村南，设济宁新机场互通与拟建 G327 改建工程连接，终点设两城枢纽接在建枣菏高速（图 3-1）。路线全长 59.729km，设特大桥 2849m/2 座，大桥 645m/1 座，中桥 657m/12 座，涵洞 69 道；互通立交 9 处（其中枢纽互通立交 2 处，一般互通立交 7 处）；分离立交 40 座，桥式通道 50 座；服务区 1 处、养护工区 1 处、监控通信分中心 1 处、匝道收费站 7 处。采用双向四车道高速公路标准建设，设计时速 120km/h，路基宽 27m；桥涵设计汽车荷载等级为公路-Ⅰ级；路基、桥涵设计洪水频率为 1/100，特大桥设计洪水频率为 1/300。计划工期 60 个月，其中施工期 36 个月，缺陷责任期 24 个月。

图 3-1 工程项目位置图

本项目桥梁规模较大，高度较矮，现场运输条件良好，下部结构适宜采用装配化设计。全线设计装配式预应力混凝土箱梁 12 处，工程量大，对灌浆料性能要求高，因此本项目可以为依托工程提供重要的技术支持。

3.2 设计标准及主要技术指标

3.2.1 设计标准

（1）《公路工程技术标准》JTG B01—2014

（2）《公路桥涵设计通用规范》JTG D60—2015

（3）《公路钢筋混凝土及预应力混凝土桥涵设计规范》JTG 3362—2018

（4）《公路工程混凝土结构耐久性设计规范》JTG/T 3310—2019

（5）《公路交通安全设施设计细则》JTG D81/T D81—2017

（6）《公路桥梁预应力钢绞线用锚具、夹具和连接器》JT/T 329—2010

（7）《公路桥涵施工技术规范》JTG/T 3650—2020

（8）《公路交通安全设施设计规范》JTG D81—2017

（9）《公路圬工桥涵设计规范》JTG D61—2005

（10）《公路工程抗震规范》JTG B02—2013

（11）《公路桥涵地基与基础设计规范》JTG 3363—2019

（12）《公路工程水文勘测设计规范》JTG C30—2015

（13）《公路桥梁抗风设计规范》JTG/T 3360—01—2018

（14）《公路勘测规范》JTG C10—2007

（15）《公路工程地质勘察规范》JTG C20—2011

（16）《钢筋混凝土用钢 第2部分：热轧带肋钢筋》GB 1499.2—2018

（17）《碳素结构钢》GB/T 700—2006

（18）《预应力混凝土用钢绞线》GB/T 5224—2014

（19）《预应力混凝土桥梁用塑料波纹管》JT/T 529—2016

（20）《公路桥梁板式橡胶支座》JT/T 4—2019

（21）《混凝土灌注桩用高强钢塑声测管》JT/T 871—2013

（22）《桥梁无缝伸缩缝沥青胶结料》JT/T 1129—2017

3.2.2 主要技术指标

（1）设计标准

以最高墩柱12.3m计算，自重50t。

（2）荷载

墩柱自重、架体自重。

基本可变荷载：山东省兖州市100年一遇风荷载。

（3）架体尺寸：5.012m×5.012m，支撑梁为双I45a工字钢，长度为2.6m，连接梁为I36a工字钢。

（4）调节丝杠：长度4m，可调节长度为4～5cm，丝杆直径为5cm。具体布置参照图纸。

3.3 全桥主要工程数量

项目装配式下部结构主要为墩柱、盖梁结构，综合全线构件类型和桥梁分布情况，全线下部结构采用预制拼装的桥梁有：兖州高架桥、丰兖路分离立交、高新区高架桥、高新区南高架桥、兖矿铁路分离立交。

全项目共有预制墩柱516根，预制盖梁238榀，均在二分部预制厂集中生产。预制桥墩采用圆柱式墩，直径为140cm。预制桥墩墩底设置小于柱径的连接柱芯。桥墩混凝土强度等级为C40，预制桥墩主筋采用直径28mm的HRB400钢筋，单根墩柱最高约11m，最大重量约44t，其余大部分墩柱预制高度都在1m以内（图3-2）。

第3章 背景工程简介

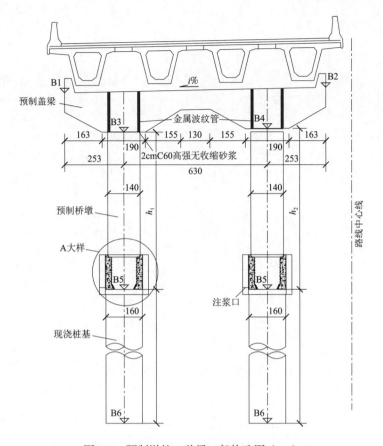

图 3-2 预制墩柱、盖梁一般构造图（一）

本项目主线 30m 小盖梁跨等宽、斜交角度 0°的盖梁采用预制结构，盖梁根部高度 170cm，跨中和端部高度 85cm。预制盖梁顶横坡坡度为 2%，盖梁底横坡坡度为 0（图 3-3）。通过调整现浇支座垫石高差实现横坡变动。盖梁中心处的支撑总高度为 30cm。盖梁内预埋 ϕ70mm 金属波纹管，金属波纹管在距离盖梁底不小于 20mm 处设置压浆口。

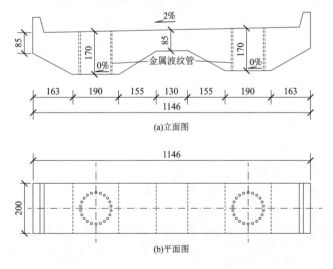

图 3-3 预制墩柱、盖梁一般构造图（二）

第二篇

设计篇

第 4 章
装配式桥梁下部连接构造设计

对于整个桥梁来说，下部结构相对于上部结构需要承受更多的荷载来抵抗地震作用。当发生地震时，下部结构最容易发生破坏，从而导致整个桥梁的结构破坏。因此，保证桥梁下部结构的安全性和稳定性至关重要。下部结构的重点主要集中在墩柱与承台、盖梁之间的连接处，如图 4-1 和图 4-2 所示。

图 4-1 预制盖梁施工

图 4-2 预制墩柱施工

本研究以济南至微山公路济宁新机场至枣菏高速段为工程依托，此工程中墩柱与承台、盖梁采用灌浆套筒和灌浆波纹管连接方式，预制的构件均由附近的大型加工厂提前加工，大大减少了对环境的污染。灌浆套筒和灌浆波纹管连接是装配式桥梁下部结构最常见的连接形式，影响其连接性能的因素有很多，比如：套筒和波纹管连接件的位置、锚固长度、灌浆料的性能和注浆方式的差异等。目前针对这些方面的研究，国内外的结论差异较大，并没有形成可靠、合理的设计和施工依据。所以，通过数值模拟对装配式桥梁下部结构进行抗震性能分析有一定的借鉴意义和参考价值。本研究成果亦可有效的填补当前研究在这方面的空缺，为装配式桥梁的快速稳定发展作出贡献。

灌浆套筒（图4-3）又称灌浆套筒接头或套筒灌浆接头。灌浆套筒是由专门加工的套筒、配套灌浆料和钢筋组装的组合体，在连接钢筋时通过注入快硬无收缩灌浆料，依靠材料之间的粘结咬合作用连接钢筋与套筒。套筒灌浆接头具有性能可靠、适用性广、安装简便等优点。

灌浆套筒连接技术适用于钢筋混凝土结构工程、钢结构工程、桥梁工程、海上石油开采平台工程、近海风力发电塔等领域。灌浆套筒连接技术是一种由于工程实践需要和技术发展而产生的新型钢结构连接方式，该种连接方式的出现弥补了传统钢结构连接方式（主要包括焊接和螺栓连接）的不足，并得到了迅速的发展和应用。

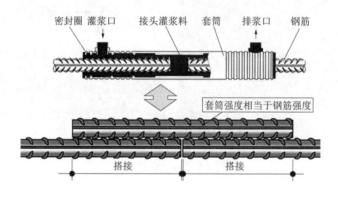

图4-3 灌浆套筒示意图

灌浆套筒连接注意事项：

（1）套筒抗拉承载力应不小于连接筋抗拉承载力；套筒长度由砂浆与连接筋的握裹力而定，握裹承载力不小于连接筋抗拉承载力。

（2）套筒浆锚连接钢筋可不另设，由下柱或是墙片的纵向受力筋直接外伸产生。连接筋间隔不应低于$5d$（d为钢筋直径），套筒净间距不可低于20mm。连接筋与套筒部位应完全对应，偏差不可超过2mm。

（3）连接筋插入套筒后压力灌浆，待浆体填满所有套筒后，终止灌浆，静养1~2d。

波纹管（图4-4）又称预应力管道或者预应力管，其注浆密实性好坏对桥梁的耐久性具有重要影响，据统计由于注浆不密实导致波纹管内钢绞线锈蚀、预应力提前丧失，可造成桥梁实际寿命缩短至设计寿命的1/10。

墩柱-承台、墩柱-盖梁的接头部位预留一定长度的钢筋并通过后期灌注高强灌浆料将整个预制构件连接成为一个整体，连接处的力学性能将决定整个桥梁结构能否满足设计要求。为了保证连接处的力学性能，一是要增强灌浆料的材料性能，二是要进行连接处钢筋和波纹管的合理布置。

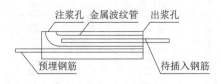

图 4-4 灌浆波纹管示意图

4.1 下部结构连接构造试验

4.1.1 试验设计

1）试件参数

为了研究套筒和波纹管的连接性能差异，本研究设计了 12 组套筒试件、12 组波纹管试件和 4 组现浇试件，采用 HRB400 的直径为 12mm 的钢筋，每组 2 个试件。其中，套筒试件按照锚固长度 120mm、100mm、70mm、50mm 和灌浆料水料比 0.10、0.12、0.14 分为 12 组；波纹管试件按照锚固长度 200mm、160mm、120mm、80mm 和灌浆料水料比 0.10、0.12、0.14 分为 12 组；现浇试件按照锚固长度 200mm、160mm、120mm、80mm 分为 4 组，具体参数见表 4-1。以试件 TT-120-0.10 为例，名称中的字母含义为：第一组字母表示结构方式，TT 为套筒，BW 为波纹管，XJ 为现浇；第二组数字表示锚固长度；第三组数字表示灌浆料水料比或混凝土强度。

试件参数　　　　　　　　　表 4-1

序号	试件编号	结构方式	锚固长度L/mm	水料比	数量
1	TT-120-0.10	套筒	120	0.10	2
2	TT-100-0.10	套筒	100	0.10	2
3	TT-70-0.10	套筒	70	0.10	2
4	TT-50-0.10	套筒	50	0.10	2
5	TT-120-0.12	套筒	120	0.12	2
6	TT-100-0.12	套筒	100	0.12	2
7	TT-70-0.12	套筒	70	0.12	2
8	TT-50-0.12	套筒	50	0.12	2
9	TT-120-0.14	套筒	120	0.14	2
10	TT-100-0.14	套筒	100	0.14	2
11	TT-70-0.14	套筒	70	0.14	2
12	TT-50-0.14	套筒	50	0.14	2

续表

序号	试件编号	结构方式	锚固长度L/mm	水料比	数量
13	BW-200-0.10	波纹管	200	0.10	2
14	BW-160-0.10	波纹管	160	0.10	2
15	BW-120-0.10	波纹管	120	0.10	2
16	BW-80-0.10	波纹管	80	0.10	2
17	BW-200-0.12	波纹管	200	0.12	2
18	BW-160-0.12	波纹管	160	0.12	2
19	BW-120-0.12	波纹管	120	0.12	2
20	BW-80-0.12	波纹管	80	0.12	2
21	BW-200-0.14	波纹管	200	0.14	2
22	BW-160-0.14	波纹管	160	0.14	2
23	BW-120-0.14	波纹管	120	0.14	2
24	BW-80-0.14	波纹管	80	0.14	2
25	XJ-200-C40	现浇	200	—	2
26	XJ-160-C40	现浇	160	—	2
27	XJ-120-C40	现浇	120	—	2
28	XJ-80-C40	现浇	80	—	2

2）材料参数

本节对试验材料的性能进行测试，以防止因材料性能不符合国家标准而导致的测试误差，确保测试结果的准确性。

（1）套筒性能

全套筒型号为GTZQ4-12，材质为球墨铸铁，符合《钢筋连接用灌浆套筒》JG/T 398—2019的力学性能，如图4-5所示。套筒的材料性能和参数如表4-2和表4-3所示。

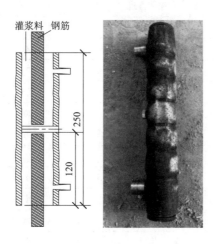

图4-5 套筒构造示意（单位：mm）

第4章 装配式桥梁下部连接构造设计

套筒材料性能 表 4-2

检测项目	性能要求
抗拉强度/MPa	≥550
断后伸长率/%	≥5
球化率/%	≥85
硬度/HBW	180～250

套筒参数 表 4-3

套筒型号	套筒长度/mm	套筒内径/mm	套筒外径/mm	套筒壁厚/mm
GTZQ4-12	250	32.5	44	5.75

（2）钢筋性能

本次试验选取直径为12mm的HRB400钢筋，并对其进行材料试验（图4-6、图4-7），获得钢筋的数据如表4-4所示。

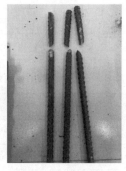

图 4-6 钢筋拉拔　　图 4-7 钢筋拉断

钢筋材料试验结果 表 4-4

钢筋牌号	公称直径/mm	屈服强度/MPa	平均实测屈服强度/MPa	抗拉强度/MPa	平均实测抗拉强度/MPa	弹性模量/MPa
HRB400	12	400	457	540	568	2.01×10^5

（3）灌浆料性能

本试验所用灌浆料为中德新亚建材有限公司生产的套筒灌浆材料，是一种高流动性、微膨胀、早强、无收缩的水泥基干混材料。流动性和抗压强度按《钢筋连接用套筒灌浆料》JG/T 408—2019进行测试。

①流动性测试

灌浆料流动性能测试采用对比法。将配制好的灌浆料倒入锥形模型中，分别测试灌浆料的初始流动性和30min后的流动性，操作过程中需要保证灌浆料的密实性，保证灌浆料气泡充分溢出，灌浆料流动时间从加水搅拌开始计时（图4-8、图4-9）。

 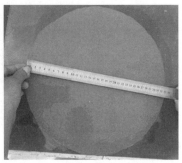

图 4-8　灌浆料　　　　图 4-9　流动性测试

从上述试验中获得的结果如表 4-5 和表 4-6 所示。不同水料比的灌浆料初始流动度均大于 340mm，30min 流动性均大于 300mm，满足流动性指标的要求。

灌浆料初始流动度　　　　　　　　　　　　　　表 4-5

水料比	最大直径/mm	垂直直径/mm	平均值/mm	流动性指标/mm
0.10	348	335	342	≥300
0.12	356	341	348	
0.14	372	350	361	

30min 灌浆料流动度　　　　　　　　　　　　　表 4-6

水料比	最大直径/mm	垂直直径/mm	平均值/mm	流动性指标/mm
0.10	310	295	303	≥260
0.12	318	306	312	
0.14	323	310	317	

②强度测试

按照相关试验规范要求，进行了 28d 的抗压强度试验。试块的抗压破坏如图 4-10 所示，试验结果如表 4-7 所示。

图 4-10　试块抗压破坏

灌浆料抗压强度试验结果 表 4-7

水料比	龄期/d	试件编号	抗压强度/MPa	抗压强度平均值/MPa
0.10	28	0.10-1	111.9	113.9
		0.10-2	119.3	
		0.10-3	110.5	
0.12	28	0.12-1	108.2	105.1
		0.12-2	104.3	
		0.12-3	102.9	
0.14	28	0.14-1	87.2	87.2
		0.14-2	71.4	
		0.14-3	102.9	

根据试验结果，灌浆料水料比 0.10、0.12 和 0.14，抗压强度平均值分别为 113.9MPa、105.1MPa 和 87.2MPa，满足规范要求。

（4）波纹管和混凝土性能

试验波纹管直径为 40mm，材质选取镀锌材料，如图 4-11 所示。混凝土强度等级为 C40，对混凝土试块进行抗压试验，如图 4-12 和图 4-13 所示。试验结果见表 4-8，C40 混凝土抗压强度的平均值为 42.9MPa。

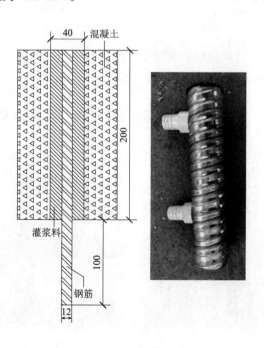

图 4-11 波纹管构造示意

图 4-12 混凝土抗压试验　　图 4-13 混凝土抗压破坏

混凝土抗压强度试验结果　　表 4-8

混凝土强度等级	龄期/d	试件编号	抗压强度/MPa	抗压强度平均值/MPa
C40	28	C40-1	43.1	42.9
		C40-2	40.3	
		C40-3	45.2	

4.1.2 试件制作

（1）钢筋和套筒打磨

热轧带肋钢筋的横肋会对钢筋和混凝土之间的粘结力产生较大的影响，所以在对钢筋打磨的时候，应该避开横肋进行钢筋的打磨。钢筋打磨、套筒打磨如图 4-14 和图 4-15 所示。

图 4-14 钢筋打磨　　图 4-15 套筒打磨

（2）试件的灌浆养护

在进行套筒和波纹管注浆前，需要先固定住钢筋、套筒和波纹管的位置，再进行注浆工作。采用尼龙扎带把构件固定在相应的特制木板上，确定钢筋对准套筒和波纹管的中心，以免出现钢筋偏移现象。制作过程中，使用手动注浆枪对套筒和波纹管进行注浆作业，完成 56 个试件和 3 组材性试块的注浆后，将试件放置在山东省土木工程防灾减灾重点实验室地下养护室进行养护，如图 4-16~图 4-20 所示。

图 4-16 套筒试件灌浆准备

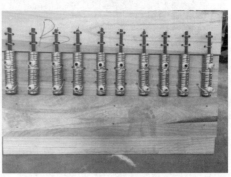
图 4-17 波纹管试件灌浆准备

图 4-18 套筒试件灌浆

图 4-19 波纹管试件灌浆

图 4-20 材性试块浇筑

（3）混凝土浇筑及养护

按照 C40 混凝土的配合比将材料放入搅拌机中进行充分搅拌，确保混凝土的强度要求。将养护好的波纹管和钢筋放入 120mm×120mm×200mm 的钢模具中间浇筑混凝土，并在振动台进行充分的振动夯实。最后，将混凝土试件放入地下养护室进行养护。如图 4-21 和图 4-22 所示。

图 4-21 混凝土试件浇筑准备

图 4-22 混凝土试件浇筑

4.1.3 测点布置

（1）钢筋应变测点布置

套筒试件的上部钢筋和下部钢筋在距离套筒边缘 30mm 处，轴向各贴一个应变片，如图 4-23 所示。

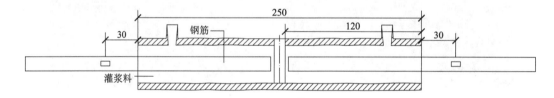
图 4-23 套筒试件钢筋应变片布置

波纹管试件和现浇试件下部钢筋在距离混凝土边缘 30mm 处，轴向贴一个应变片，如图 4-24 和图 4-25 所示。

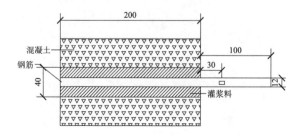
图 4-24 波纹管试件钢筋应变片布置

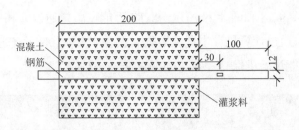

图 4-25 现浇试件钢筋应变片布置

（2）套筒应变测点布置

将套筒试件 4 等分，在等分点处轴向对称布置 6 个应变片，编号为 T1～T6，如图 4-26 所示。

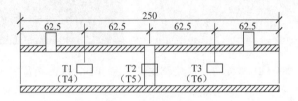

图 4-26 套筒应变片布置

（3）混凝土应变测点布置

将波纹管试件和现浇试件 3 等分，在等分点处轴向对称布置 4 个应变片，编号 B1～B4（波纹管试件）和编号 X1～X4（现浇试件），如图 4-27 所示。

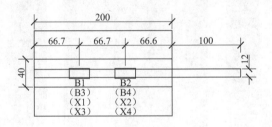

图 4-27 混凝土应变片布置

（4）位移测点布置

套筒试件上下钢筋各一个位移测点，每个测点位于距离套筒 50mm 处。波纹管试件和现浇试件各一个测点，在钢筋距离混凝土 50mm 处。

4.2 试件加载

（1）加载设备

本次试验在山东省土木工程防灾减灾重点实验室进行，DH3816N 静态应变测试仪和

MTS 万能试验机如图 4-28 和图 4-29 所示。MTS 万能试验机通过力和位移控制荷载，可以用于单向拉伸试验，通过计算机导出试验数据。调整 DH3816N 静态应变测试仪的采样频率，使其和 MTS 万能试验机保持一致，确保数据一一对应。

图 4-28　DH3816N 静态应变测试仪　　图 4-29　MTS 万能试验机

（2）加载制度

本次试验试件屈服前采取力控制，速率为 500N/s；屈服后采取位移控制，速率为 0.25mm/s，如图 4-30～图 4-32 所示。

图 4-30　灌浆套筒试件加载　　图 4-31　灌浆波纹管试件加载　　图 4-32　现浇试件加载

4.3　破坏模式及结果分析

4.3.1　试验现象描述

（1）灌浆套筒试验现象

灌浆套筒试件出现钢筋拔出和钢筋拉断的破坏形式，如图 4-33 和图 4-34 所示。临界破坏时,当两者粘结力达到最大粘结力而钢筋未达到极限强度时,钢筋被拔出,反之钢筋被拉断。具体的破坏状况见图 4-35、表 4-9。

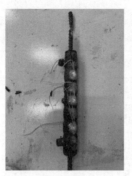 

图 4-33　钢筋拉断破坏　　图 4-34　钢筋拔出破坏

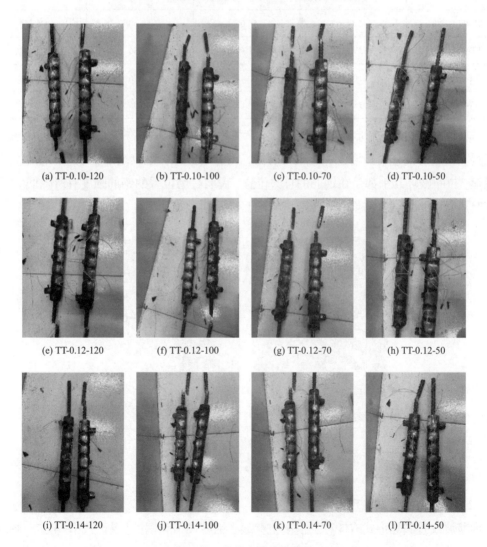

图 4-35　灌浆套筒小组破坏

灌浆套筒试验结果及破坏状况　　　　　　　表4-9

试件编号	锚固面积/mm²	屈服荷载/kN	峰值荷载/kN	破坏状态
TT-0.10-120	4521.6	50.51	64.81	钢筋拉断
TT-0.10-100	3768	50.62	63.33	钢筋拉断
TT-0.10-70	2637.6	50.11	61.65	钢筋拉断
TT-0.10-50	1884	50.86	60.37	钢筋拉断
TT-0.12-120	4521.6	51.18	64.33	钢筋拉断
TT-0.12-100	3768	46.16	63.09	钢筋拉断
TT-0.12-70	2637.6	45.42	61.03	钢筋拉断
TT-0.12-50	1884	49.04	60.84	钢筋拔出
TT-0.14-120	4521.6	50.06	64.60	钢筋拉断
TT-0.14-100	3768	51.44	62.86	钢筋拉断
TT-0.14-70	2637.6	50.46	62.96	钢筋拉断
TT-0.14-50	1884	49.63	60.05	钢筋拔出

试验过程中，试件屈服前，钢筋几乎不产生位移；屈服后，灌浆料会出现细小的裂缝，灌浆料和钢筋的滑移明显增大；在强化阶段，两者的滑移会继续增加，端口的灌浆料会崩出脱落；拉断破坏几乎都是在钢筋的打磨位置，说明打磨位置的钢筋强度有所降低。所以，打磨时避开横肋对试验结果有着重要的影响。灌浆料破损如图4-36所示。

(a) 钢筋拉断　　　　　　　(b) 钢筋拔出

图4-36　灌浆料破损

（2）灌浆波纹管试验现象

灌浆波纹管破坏形式有3种：混凝土劈裂、钢筋拔出和钢筋拉断，如图4-37～图4-39所示。灌浆波纹管试件临界破坏时，试件的破坏由钢筋和灌浆料的粘结力、混凝土的极限抗拉强度和钢筋的极限抗拉强度决定。试件的破坏状况见图 4-40、表 4-10。

 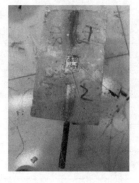 

图 4-37　混凝土劈裂破坏　　图 4-38　钢筋拔出破坏　　图 4-39　钢筋拉断破坏

(a) BW-0.10-200　　(b) BW-0.10-160　　(c) BW-0.10-120　　(d) BW-0.10-70

(e) BW-0.12-200　　(f) BW-0.12-160　　(g) BW-0.12-120　　(h) BW-0.12-70

(i) BW-0.14-200　　(j) BW-0.14-160　　(k) BW-0.14-120　　(l) BW-0.14-70

图 4-40　灌浆波纹管小组破坏

灌浆波纹管试验结果及破坏状况 表4-10

试件编号	锚固面积/mm²	屈服荷载/kN	峰值荷载/kN	破坏状态
BW-0.10-200	7536	52.25	65.07	钢筋拉断
BW-0.10-160	6028.8	51.09	64.35	钢筋拉断
BW-0.10-120	4521.6	52.08	63.99	钢筋拉断
BW-0.10-80	3014.4	50.39	62.88	钢筋拔出
BW-0.12-200	7536	51.97	64.75	钢筋拉断
BW-0.12-160	6028.8	51.43	63.57	钢筋拉断
BW-0.12-120	4521.6	49.64	62.90	钢筋拉断
BW-0.12-80	3014.4	51.97	59.34	混凝土劈裂
BW-0.14-200	7536	50.56	63.97	钢筋拉断
BW-0.14-160	5028.8	49.58	62.92	钢筋拉断
BW-0.14-120	4521.6	45.09	61.81	混凝土劈裂
BW-0.14-80	3014.4	51.30	57.53	钢筋拔出

试验过程中，试件进入屈服阶段时，混凝土两侧边界位置出现微裂缝并向中间位置发展，钢筋出现明显滑移现象。强化阶段也会出现灌浆料和少量混凝土脱落的现象，混凝土会出现不同程度的裂缝，滑移继续加大。与灌浆套筒试件相同，钢筋拉断主要出现在钢筋打磨位置处。混凝土破损如图4-41所示。

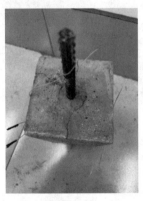  

(a) 混凝土劈裂　　　　　　(b) 钢筋拔出　　　　　　(c) 钢筋拉断

图4-41　灌浆波纹管试件混凝土破损

（3）现浇试验现象

现浇试件的破坏形式有两种：混凝土劈裂和钢筋拉断，如图4-42和图4-43所示。现浇试件破坏及试验结果见表4-11。

图 4-42　混凝土劈裂破坏　　图 4-43　钢筋拉断破坏

(a) XJ-200-C40　　　(b) XJ-160-C40　　　(c) XJ-120-C40　　　(d) XJ-80-C40

图 4-44　现浇试件破坏

图 4-44 为 4 组现浇试块破坏结果对比。

现浇试验结果及破坏状况　　　　　　　　　　　　表 4-11

试件编号	锚固面积/mm²	屈服荷载/kN	峰值荷载/kN	破坏状态
XJ-200-C40	7536	50.78	64.13	钢筋拉断
XJ-160-C40	6028.8	42.88	61.90	钢筋拉断
XJ-120-C40	4521.6	39.60	53.76	混凝土劈裂
XJ-80-C40	3014.4	39.56	48.92	混凝土劈裂

现浇试件具有和灌浆波纹管相似的试验现象，相比而言，现浇试件混凝土的裂缝破坏程度更加严重，拉断同样出现在打磨位置处（图 4-45）。

 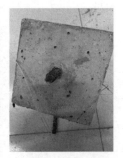

(a) 混凝土劈裂　　　　(b) 钢筋拉断

图 4-45　现浇试件混凝土破损

4.3.2 连接件的平均粘结应力和滑移分析

钢筋和灌浆料、混凝土的平均粘结应力τ，即峰值荷载与锚固面积之比，如式(4-1)所示：

$$\tau = \frac{P_\mu}{\pi d l} \tag{4-1}$$

钢筋的滑移量$S_{滑}$是试件的位移S和钢筋颈缩伸长之差，如式(4-2)所示：

$$S_{滑} = S - \frac{4P_\mu \Delta l}{\pi d^2 E_s} \tag{4-2}$$

式中：P_μ——峰值荷载；

l——锚固长度；

Δl——夹具与粘结区域顶端的距离；

E_s——钢筋弹性模量。

（1）灌浆套筒连接件的平均粘结应力和滑移分析

由表4-12可知，在水料比0.10的条件下，TT-0.10-120试件和TT-0.10-50试件的峰值荷载分别为64.81kN和60.37kN，平均粘结应力分别为14.33MPa和32.04MPa，钢筋滑移分别为9.32mm和12.45mm；前者峰值荷载比后者增加了7.3%，前者平均粘结应力仅为后者的44.7%，前者钢筋滑移为后者的74.9%，试件全部发生钢筋拉断破坏。

灌浆套筒平均粘结应力和滑移　　　表 4-12

试件编号	峰值荷载/kN	钢筋应力/MPa	平均粘结应力/MPa	滑移/mm
TT-0.10-120	64.81	573	14.33	9.32
TT-0.10-100	63.33	560	16.81	10.53
TT-0.10-70	61.65	545	23.37	11.28
TT-0.10-50	60.37	534	32.04	12.45
TT-0.12-120	64.33	569	14.23	10.31
TT-0.12-100	63.09	558	16.74	10.93
TT-0.12-70	61.03	540	23.14	11.27
TT-0.12-50	60.84	538	32.29	12.95
TT-0.14-120	64.60	571	14.29	10.67
TT-0.14-100	62.86	556	16.68	11.30
TT-0.14-70	62.96	557	23.87	13.84
TT-0.14-50	60.05	531	31.87	9.38

在水料比0.12和0.14的条件下，TT-0.12-50试件和TT-0.14-50试件出现钢筋拔出现象。TT-0.12-50试件和TT-0.14-50试件峰值荷载为60.84kN和60.05kN，TT-0.12-50试件和

TT-0.14-50 试件的峰值荷载与相同条件下锚固长度 120mm 试件相比下降严重，平均粘结应力分别是相同条件下锚固长度 120mm 试件的 1.92 倍和 2.23 倍；TT-0.12-50 试件的钢筋滑移与 TT-0.12-120 试件相比增加 25.6%，TT-0.14-50 试件的钢筋滑移是 TT-0.14-120 试件的 87.9%。因在实际工程中应避免试件出现拔出破坏，保证构件的安全和稳定，建议灌浆套筒试件锚固长度 $\geqslant 8.3l_a$。

（2）灌浆波纹管连接件的平均粘结应力和滑移分析

由表 4-13 可知，在水料比 0.10 的条件下，BW-0.10-200 试件和 BW-0.10-80 试件的峰值荷载分别为 65.07kN 和 62.88kN，平均粘结应力分别为 8.63MPa 和 20.86MPa，钢筋滑移分别为 9.24mm 和 7.70mm；前者峰值荷载比后者增加了 3.5%，前者平均粘结应力仅为后者的 41.4%，后者的滑移为前者的 83.3%。BW-0.10-80 试件出现滑移现象，不符合连接件的粘结要求。在水料比 0.10 条件下，灌浆波纹管试件锚固长度应 $\geqslant 6.7l_a$。

在水料比 0.12 和 0.14 的条件下，BW-0.12-80 试件和 BW-0.14-80 试件峰值荷载为 59.34kN 和 57.53kN，试件峰值荷载是相同条件下锚固长度 200mm 试件的 91.6% 和 90.0%，试件平均粘结应力是相同条件下锚固长度 200mm 试件的 2.29 倍和 2.25 倍，钢筋滑移是相同条件下锚固长度 200mm 试件的 71.7% 和 64.0%，综上建议灌浆波纹管试件锚固长度取 $\geqslant 10l_a$。

灌浆波纹管平均粘结应力和滑移　　表 4-13

试件编号	峰值荷载/kN	钢筋应力/MPa	平均粘结应力/MPa	滑移/mm
BW-0.10-200	65.07	575	8.63	9.24
BW-0.10-160	64.35	569	10.67	9.86
BW-0.10-120	63.99	566	14.15	10.17
BW-0.10-80	62.88	556	20.86	7.70
BW-0.12-200	64.75	572	8.60	9.56
BW-0.12-160	63.57	562	10.54	10.08
BW-0.12-120	62.90	556	13.91	10.41
BW-0.12-80	59.34	525	19.69	6.85
BW-0.14-200	63.97	566	8.49	10.43
BW-0.14-160	62.92	557	10.44	10.79
BW-0.14-120	61.81	547	13.67	12.73
BW-0.14-80	57.53	509	19.09	6.67

（3）现浇连接件的平均粘结应力和滑移分析

由表 4-14 可知，XJ-200-C40 试件和 XJ-120-C40 试件的峰值荷载分别为 64.13kN 和

53.76kN，平均粘结应力分别为 8.51MPa 和 11.89MPa，钢筋滑移分别为 9.20mm 和 9.49mm；前者峰值荷载比后者增加了 19.3%，前者平均粘结应力为后者的 71.6%。XJ-80-C40 试件因峰值荷载较低，钢筋滑移量仅为 6.1mm。这说明锚固长度对现浇试件的承载力影响大，建议现浇试件锚固长度应≥ $10l_a$。

现浇平均粘结应力和滑移　　　　　　表 4-14

试件编号	峰值荷载/kN	钢筋应力/MPa	平均粘结应力/MPa	滑移/mm
XJ-200-C40	64.13	567	8.51	9.20
XJ-160-C40	61.90	547	10.27	11.55
XJ-120-C40	53.76	475	11.89	9.49
XJ-80-C40	48.92	432	16.23	6.10

（4）三种不同形式连接件的平均粘结应力和滑移分析

在三种形式钢筋拉断条件下，首先 TT-0.10-120 试件、BW-0.10-200 试件和 XJ-200-C40 试件的峰值荷载最大，峰值荷载对应的滑移最小，因此 TT-0.10-120 试件、BW-0.10-200 试件和 XJ-200-C40 试件为三种形式中力学性能最优的代表；然后锚固长度长的试件更加贴近工程实际，所以选取 TT-0.10-120 试件、BW-0.10-200 试件和 XJ-200-C40 试件为代表进行对比分析。由表 4-15 可知，三个试件的峰值荷载分别为 64.81kN、65.07kN、64.13kN，峰值荷载相差不大；由于锚固长度，TT-0.10-120 试件的平均粘结应力大于 BW-0.10-200 试件和 XJ-200-C40 试件；三个试件的钢筋滑移分别为 9.32mm、9.24mm 和 9.20mm，相差不大，说明灌浆套筒和灌浆波纹管连接满足粘结性能要求。

三种不同形式平均粘结应力和滑移　　　　　　表 4-15

试件编号	峰值荷载/kN	钢筋应力/MPa	平均粘结应力/MPa	滑移/mm
TT-0.10-120	64.81	573	14.33	9.32
BW-0.10-200	65.07	575	8.63	9.24
XJ-200-C40	64.13	567	8.51	9.20

4.3.3　连接件的粘结应力-滑移本构关系

根据试验数据，在《混凝土结构设计规范》GB 50010—2010（2015 年版）的粘结应力-滑移本构关系式的基础上，对连接件的粘结应力-滑移曲线进行拟合。连接件的粘结应力-滑移曲线可以划分为微滑移阶段、滑移加速阶段和下降阶段三个阶段。以 s、μ、r 三个特征点对试验数据进行分析，其中 s 为微滑移终点，相应的粘结应力和滑移用 τ_s 和 S_s 表示；μ 为粘结滑移曲线的最大值点，相应的粘结应力和滑移用τ_μ和S_μ表示；r为连接件钢筋的断点，相应的粘结应力和滑移用τ_r和S_r表示，得出连接件的粘结应力-滑移曲线，如图4-46所示。

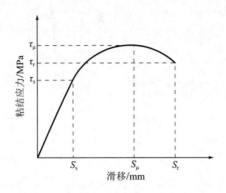

图4-46 连接件的粘结应力-滑移曲线

在微滑移阶段粘结应力与滑移呈线性相关，用一次函数表示，滑移加速段和下降段用二次函数表示，如式(4-3)所示：

$$\tau = \begin{cases} \dfrac{\tau_s}{S_s} S & (0 < S \leqslant S_s) \\ \tau_\mu + \dfrac{\tau_s - \tau_\mu}{(S_s - S_\mu)}(S - S_\mu)^2 & (S_s < S \leqslant S_\mu) \\ \tau_\mu + \dfrac{\tau_r - \tau_\mu}{(S_r - S_\mu)}(S - S_\mu)^2 & (S_\mu < S \leqslant S_r) \end{cases} \quad (4\text{-}3)$$

根据式(4-3)对 TT-0.10-120 试件、BW-0.10-200 试件和 XJ-200-C40 试件进行粘结应力-滑移曲线的拟合，其中s、μ、r三个特征点参数取值，如表4-16所示。

三种不同形式特征点的参数取值　　　　　　表4-16

试件编号	τ_s/MPa	S_s/mm	τ_μ/MPa	S_μ/mm	τ_r/MPa	S_r/mm
XJ-200-C40	6.7	1.79	8.51	9.20	7.46	10.89
TT-0.10-120	11.25	1.19	14.33	9.32	11.63	12.57
BW-0.10-200	6.85	1.94	8.63	9.24	7.61	11.89

三个试件的拟合和试验粘结滑移对比分析曲线，如图4-47所示。

由图4-47可知，三个试件的拟合结果和试验结果大致相同，说明三段式的本构模型可以很好地拟合出三种试件的粘结应力-滑移曲线。

TT-0.10-120试件、BW-0.10-200试件和XJ-200-C40试件的峰值荷载对应的滑移分别为9.32mm、9.24m和9.20mm，相差很小。XJ-200-C40试件出现粘结滑移破坏形式的可能性最大，BW-0.10-200试件其次，TT-0.12-200试件最后。因此，选取XJ-200-C40试件拟合的粘结应力-滑移曲线作为上述钢筋混凝土粘结应力-滑移本构关系。

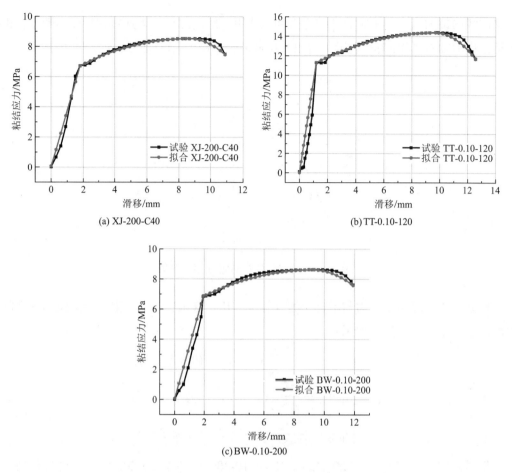

图 4-47 粘结滑移拟合和试验对比分析

4.3.4 连接件的荷载-位移曲线

本节详细对比分析了不同锚固长度、不同水料比灌浆套筒试件和灌浆波纹管试件的荷载-位移曲线；不同锚固长度现浇试件的荷载-位移曲线；不同形式试件的荷载-位移曲线。

1）灌浆套筒不同锚固长度试件荷载-位移曲线

灌浆套筒不同锚固长度试件荷载-位移曲线，如图 4-48 所示。其中，图 4-48（a）为 TT-0.10-120、TT-0.10-100、TT-0.10-70 和 TT-0.10-50 试件荷载-位移曲线，对比发现，TT-0.10-120 试件屈服前其钢筋位移值相对小于另外 3 个试件，锚固长度短的试件屈服值偏小。试件进入强化阶段，在到达峰值荷载前，试件锚固长度越短，试件的强化阶段越长，TT-0.10-120、TT-0.10-100、TT-0.10-70 和 TT-0.10-50 试件峰值荷载对应的位移分别为 10.06mm、10.88mm、11.61mm 和 12.79mm，表明试件峰值荷载对应的位移随锚固长度减小而增大。

图 4-48（b）为 TT-0.12-120、TT-0.12-100、TT-0.12-70 和 TT-0.12-50 试件的荷载-位移曲线，对比发现，锚固长度短的试件屈服值相对偏小。试件在到达峰值荷载前，试件锚固长度越短，试件的强化阶段越长，TT-0.10-120、TT-0.10-100、TT-0.10-70 和 TT-0.10-50 试

件峰值荷载对应的位移分别为 10.68mm、11.33mm、11.60mm 和 13.27mm，TT-0.10-50 试件因出现钢筋拔出破坏，所以相对于另外 3 个试件位移较大。

图 4-48（c）为 TT-0.14-120、TT-0.14-100、TT-0.14-70 和 TT-0.14-50 试件的荷载-位移曲线，通过对比，TT-0.14-120、TT-0.14-100、TT-0.14-70 和 TT-0.14-50 试件峰值荷载对应的位移分别为 11.02mm、11.63mm、14.20mm 和 9.67mm，其中 TT-0.14-50 试件发生钢筋拔出破坏。

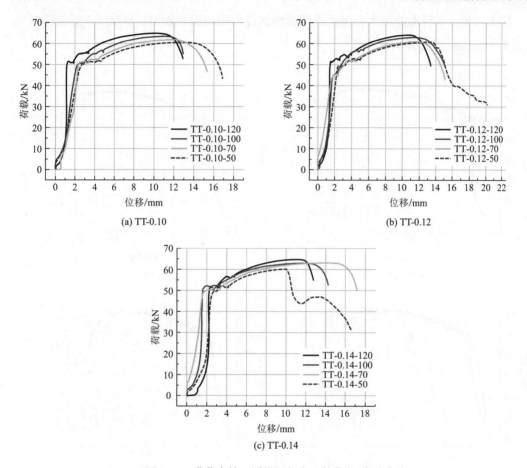

图 4-48　灌浆套筒不同锚固长度试件荷载-位移曲线

综合以上的数据分析可得，灌浆套筒试件峰值荷载对应位移随着锚固长度的增长而减小。

2）灌浆套筒不同水料比试件荷载-位移曲线

如图 4-49 所示为灌浆套筒不同水料比试件的荷载-位移曲线。由图 4-49（a）对比可得，水料比大的试件屈服位移随之也大，TT-0.10-120、TT-0.12-120 和 TT-0.14-120 试件的峰值荷载对应的位移分别为 10.06mm、10.68mm 和 11.02mm，峰值荷载基本一致。由图 4-49（b）可知，TT-0.10-100、TT-0.12-100 和 TT-0.14-100 试件的峰值荷载对应的位移分别为 10.88mm、11.33mm 和 11.63mm，峰值荷载基本一致。结果表明相同锚固长度的条件下，灌浆料水料比对试件的位移影响较小。

由图 4-49（c）对比发现，试件水料比越高，试件的强化阶段越长，TT-0.10-70、TT-0.12-70

和TT-0.14-70试件峰值荷载对应的位移分别为11.61mm、11.60mm和14.20mm，结果表明水料比0.10、0.12对试件位移的影响基本一致，水料比0.14的位移增长较大。由图4-49（d）可知，TT-0.10-50、TT-0.12-50和TT-0.14-50试件的峰值荷载对应的位移分别为12.79mm、13.27mm和9.67mm。TT-0.14-50试件发生钢筋拔出破坏位移较小，结果表明试件位移随着水料比的增大而增大。

综上可得，水料比的增大会降低灌浆套筒试件的粘结滑移能力，导致试件的位移增大，但相对于锚固长度的影响较小。

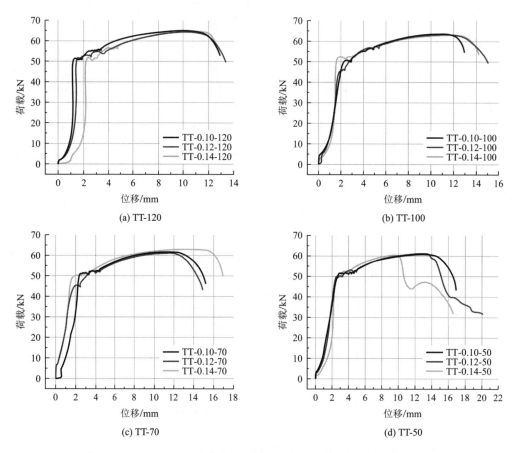

图4-49　灌浆套筒不同水料比试件荷载-位移曲线

3）灌浆波纹管不同锚固长度试件荷载-位移曲线

如图4-50所示为灌浆波纹管不同锚固长度试件荷载-位移曲线。其中图4-50（a）为BW-0.10-200、BW-0.10-160、BW-0.10-120和BW-0.10-80试件荷载-位移曲线，对比发现，BW-0.10-160试件屈服前其钢筋位移值相对大于另外3个试件，锚固长度短的试件屈服值偏小。试件进入强化阶段，BW-0.10-200、BW-0.10-160、BW-0.10-120和BW-0.10-80试件峰值荷载对应的位移分别为9.89mm、10.22mm、10.52mm和7.51mm。其中，BW-0.10-80试件因出现钢筋拔出破坏而强化阶段较短，在实际工程中应避免出现这种现象。

图 4-50(b)为 BW-0.12-200、BW-0.12-160、BW-0.12-120 和 BW-0.12-80 试件的荷载-位移曲线,对比发现,BW-0.12-120 屈服前其钢筋位移值相对较大。试件进入强化阶段,BW-0.12-200、BW-0.12-160、BW-0.12-120 和 BW-0.12-80 试件峰值荷载对应的位移分别为 9.91mm、10.42mm、10.78mm 和 7.16mm,其中 BW-0.12-80 试件因出现严重的混凝土劈裂导致强化阶段荷载上不去,位移值偏小。

图 4-50(c)为 BW-0.14-200、BW-0.14-160、BW-0.14-120 和 BW-0.14-80 试件的荷载-位移曲线,对比发现,BW-0.14-120 进入屈服阶段后荷载明显过小,BW-0.14-200、BW-0.14-160、BW-0.14-120 和 BW-0.14-80 试件峰值荷载对应的位移分别为 10.77mm、11.11mm、13.05mm 和 6.90mm。

综上可知,在钢筋拉断的试件数据分析中发现,灌浆波纹管试件的位移随着锚固长度的增大而减小。

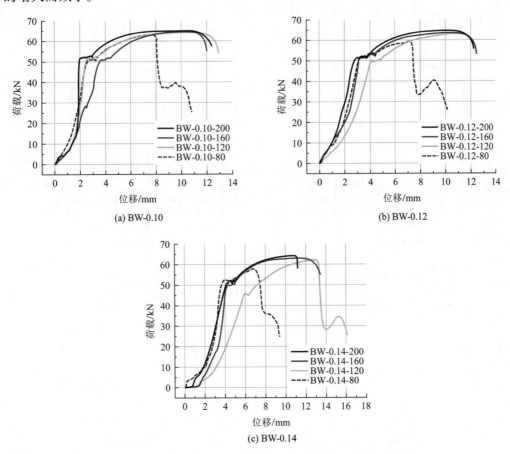

图 4-50 灌浆波纹管不同锚固长度试件荷载-位移曲线

4)灌浆波纹管不同水料比试件荷载-位移曲线

如图 4-51 所示为灌浆波纹管不同水料比试件的荷载-位移曲线。通过图 4-51(a)对比发现,水料比大的试件屈服位移随之也大,BW-0.10-200、BW-0.12-200 和 BW-0.14-200 试件的峰值荷载的位移分别为 9.89mm、9.91mm 和 10.77mm，峰值荷载基本一致。由图 4-51（b）对比可知，BW-0.14-160 试件的屈服位移最大，BW-0.10-160、BW-0.12-160 和 BW-0.14-160 试件峰值荷载对应的位移分别为 10.22mm、10.42mm 和 11.11mm。结果表明，试件峰值荷载对应的位移随水料比增大而增大。

由图 4-51(c)曲线可知，在屈服阶段水料比越大、荷载越小、位移越大，其中 BW-0.14-120 试件的位移达到了 6mm 左右；BW-0.10-120、BW-0.12-120 和 BW-0.14-120 试件峰值荷载对应的位移分别为 10.52mm、10.78mm 和 13.05mm，其中 0.14 水料比的试件出现混凝土劈裂现象。结果表明，试件峰值荷载对应的位移随水料比增大而增大。由图 4-51（d）对比发现，BW-0.10-80、BW-0.12-80 和 BW-0.14-80 试件峰值荷载对应的位移分别为 7.51mm、7.16mm 和 6.90mm，水料比对其峰值位移的影响较小。

综上可得，水料比 0.10 的试件性能优于水料比 0.12 和 0.14 的试件性能，建议选用水料比较低的灌浆料。

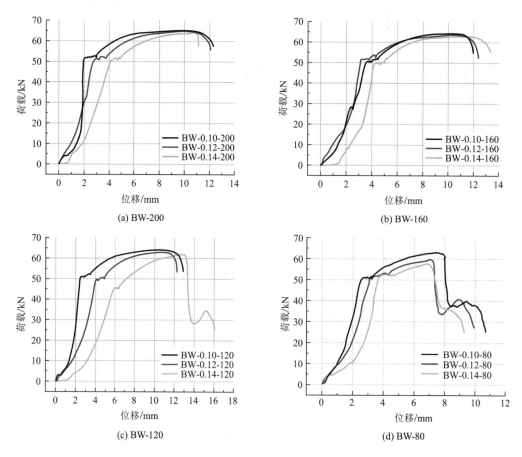

图 4-51　灌浆波纹管不同水料比试件荷载-位移曲线

5）现浇不同锚固长度试件荷载-位移曲线

现浇不同锚固长度试件荷载-位移曲线，如图 4-52 所示。锚固长度 200mm 和 160mm

时，试件出现钢筋拉断现象；锚固长度120mm和80mm时，试件出现混凝土劈裂现象。由图4-52可知，当XJ-200-C40、XJ-160-C40、XJ-120-C40和XJ-80-C40试件荷载分别达到50.78kN、42.88kN、39.60kN和39.56kN时，现浇试件进入屈服阶段；随着锚固长度的减小屈服荷载出现大幅度的下降，80mm、120mm和160mm锚固长度的试件屈服荷载仅是200mm锚固长度的77.9%、80.0%和84.4%，屈服位移相差不大；XJ-200-C40、XJ-160-C40、XJ-120-C40和XJ-80-C40试件的峰值荷载分别为64.13kN、61.90kN、53.76kN和48.92kN，80mm、120mm和160mm锚固长度的试件峰值荷载仅为200mm锚固长度的76.1%、83.8%和96.5%；现浇试件峰值荷载对应的位移分别为9.54mm、11.88mm、9.79mm和6.40mm。其中XJ-120-C40和XJ-80-C40试件由于出现了较大的纵向裂缝，导致试件能承受的荷载与钢筋拉断破坏试件相比有着巨大的差距，强化阶段也有所缩短，最终的滑移较小。

综合以上分析，现浇试件在钢筋拉断的情况下，试件峰值荷载随着锚固长度的减小而减小，但幅度不大；试件峰值荷载对应的位移随锚固长度减小而增大。

6）三种不同形式连接件荷载-位移曲线

TT-0.10-120、BW-0.10-200和XJ-200-C40试件是三种形式中力学性能最好的代表，本小节选取以上三个试件进行不同形式荷载-位移曲线的对比，如图4-53所示。TT-0.10-120试件相对于XJ-200-C40试件、BW-0.10-200试件而言屈服荷载相差不大但其对应的位移偏小；TT-0.10-120试件的强化阶段最长，XJ-200-C40试件的强化阶段最短。TT-0.10-120、BW-0.10-200和XJ-200-C40试件峰值荷载对应的位移分别为10.06mm、9.89mm和9.54mm，结果表明试件峰值荷载和相对应的位移相差不大，灌浆套筒试件和灌浆波纹管试件的粘结性能满足要求。

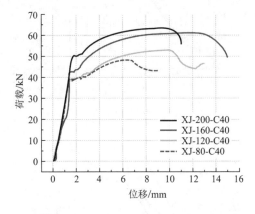 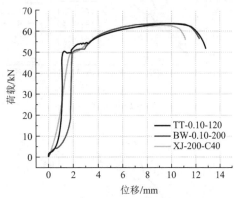

图4-52 现浇不同锚固长度试件荷载-位移曲线　　图4-53 三种不同形式试件荷载-位移曲线

4.3.5 连接件的荷载-应变曲线

1）灌浆套筒连接件的荷载-应变曲线

如图4-54所示为灌浆套筒连接件的荷载-套筒应变曲线，套筒应变整体都呈现上升的趋势。由于灌浆套筒试件套筒中部剪切作用明显，中部套筒 T2、T5 应变明显大于其他 4 个应变。中部套筒最大应变基本都在 1200×10^{-6} 左右，其中 TT-0.14-70 试件 T5 应变达到 1700×10^{-6} 左右，TT-0.10-120 试件 T5 应变达到 1500×10^{-6} 左右。上部和下部 4 个应变基本是在 600×10^{-6} 左右，最大不超过 800×10^{-6}，与中部套筒相比差距较大。由于重力的作用，除 TT-0.10-120 上部套筒 T3、T6 应变和下部套筒 T1、T4 应变几乎一致外，其他试件下部套筒 T1、T4 应变都大于上部套筒试件 T3、T6 应变。但由于上部和下部的套筒重力相差不是很大，所以差距不是很明显。

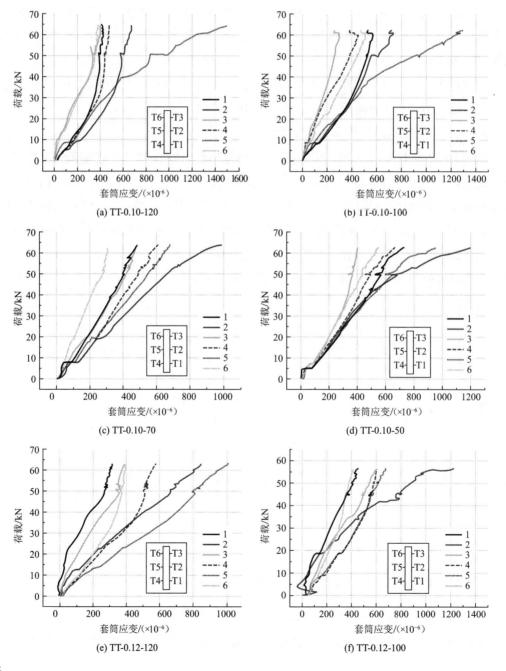

(a) TT-0.10-120

(b) TT-0.10-100

(c) TT-0.10-70

(d) TT-0.10-50

(e) TT-0.12-120

(f) TT-0.12-100

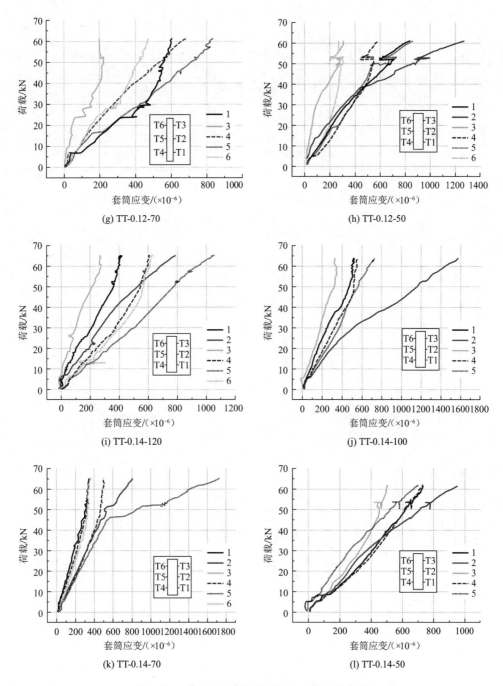

图 4-54 灌浆套筒连接件的荷载-套筒应变曲线

灌浆套筒连接件的荷载-钢筋应变曲线,如图 4-55 所示。钢筋最大应变基本为 3000×10^{-6} 左右,最小值基本在 2000×10^{-6} 左右。其中,TT-0.10-100 上部钢筋的应变只有 1500×10^{-6} 左右,钢筋并未屈服;TT-0.10-70、TT-0.12-100、TT-0.12-70 和 TT-0.12-50 试件上部钢筋应变在 2000×10^{-6} 左右,也未达到钢筋屈服所需的应变值。

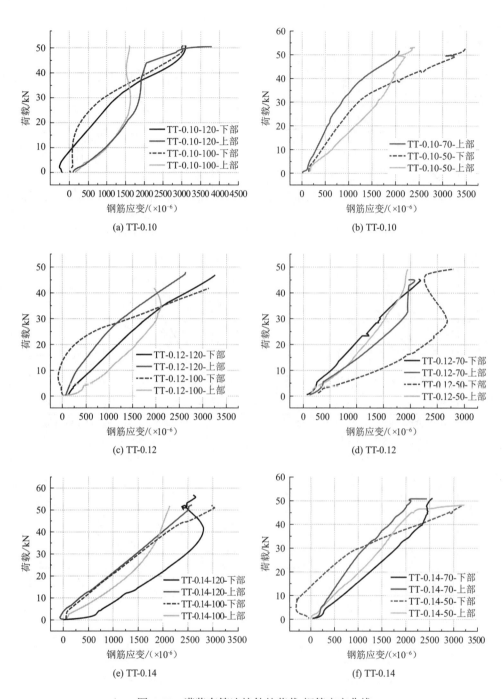

图 4-55 灌浆套筒连接件的荷载-钢筋应变曲线

综上所述,上部钢筋基本处于屈服或未屈服状态,下部钢筋基本达到其极限强度,下部钢筋应变大于上部钢筋应变。

2)灌浆波纹管连接件的荷载-应变曲线

灌浆波纹管试件荷载-混凝土应变曲线,如图 4-56 所示。整体来说,随着荷载的增大,

B1~B4 应变呈增长的趋势。由于重力作用的影响，下部 B2、B4 应变增长趋势明显大于上部 B1、B3 应变。下部 B2、B4 应变基本都在 -150×10^{-6} 左右，其中 BW-0.10-80 试件和 BW-0.14-160 试件的 B4 应变达到了 -500×10^{-6} 左右，BW-0.12-120 试件和 BW-0.14-120 试件的 B2 应变达到了 -300×10^{-6} 左右，BW-0.10-80、BW-0.14-160、试件 B4 的应变超过 -250×10^{-6}；上部 B1、B3 应变相对来说较小，基本都在 -25×10^{-6} 左右，其中 BW-0.10-160、BW-0.10-80、BW-0.14-160 和 BW-0.14-80 试件 B1、B3 应变增长十分缓慢，最大应变不超过 -15×10^{-6}。

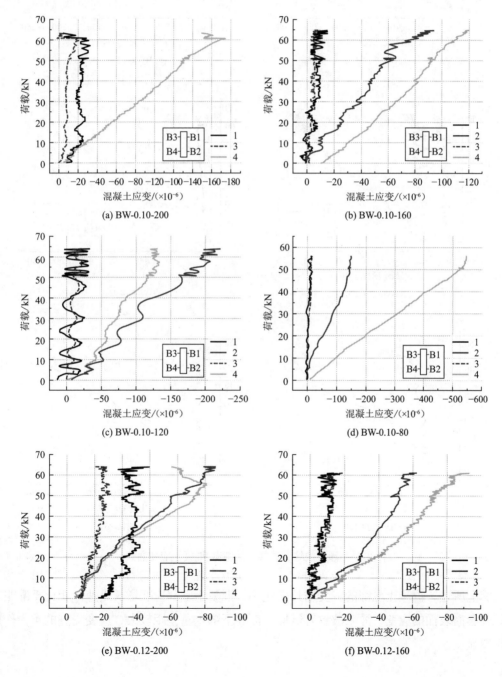

(a) BW-0.10-200　　(b) BW-0.10-160

(c) BW-0.10-120　　(d) BW-0.10-80

(e) BW-0.12-200　　(f) BW-0.12-160

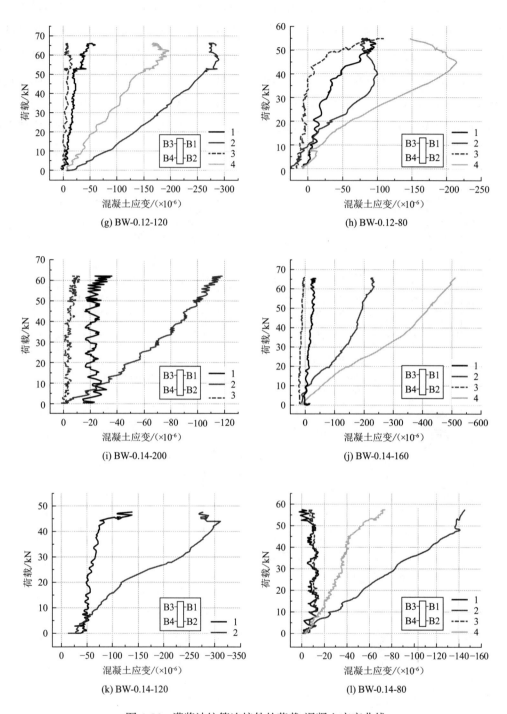

图 4-56 灌浆波纹管连接件的荷载-混凝土应变曲线

综上所述，混凝土上部的应变增长变化小，混凝土下部应变增长迅速。相比于灌浆套筒试件套筒表面的应变，灌浆波纹管试件上部和下部重量差距较大，应变受到的重力作用非常明显。

如图 4-57 所示为灌浆波纹管试件荷载-钢筋应变曲线。灌浆波纹管试件钢筋应变基本都在 3000×10^{-6} 左右和灌浆套筒试件的钢筋应变相差不大，其中 BW-0.12-200 试件达到了 5000×10^{-6} 左右、BW-0.14-200 试件达到了 4500×10^{-6} 左右、BW-0.12-80 试件只有 2000×10^{-6} 左右。水料比 0.10 的钢筋应变小于水料比 0.12 和 0.14 的钢筋应变。

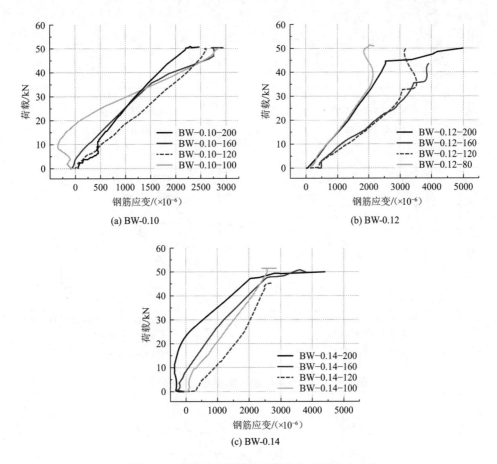

图 4-57　灌浆波纹管连接件的荷载-钢筋应变曲线

3）现浇连接件的荷载-应变曲线

如图 4-58 所示为现浇连接件的荷载-混凝土应变曲线。总的来说，随着荷载的增大，X1~X4 应变呈增长的趋势。下部 X2、X4 应变增长趋势明显大于上部 X1、X3 应变。现浇试件除了 XJ-120-C40 试件的 X2 应变超过 -250×10^{-6}，其他试件均小于 -150×10^{-6}。下部 X2、X4 应变基本都在 -250×10^{-6} 左右，上部 X1、X3 应变基本都在 -40×10^{-6} 左右，产生上部、下部应变巨大的根本原因还是与试件的重量有关。

如图 4-59 所示为现浇连接件荷载-钢筋应变曲线，XJ-200-C40 试件的钢筋应变超过 3000×10^{-6}，XJ-160-C40 试件和 XJ-80-C40 试件的钢筋应变不超过 2500×10^{-6}，差距不是很大。

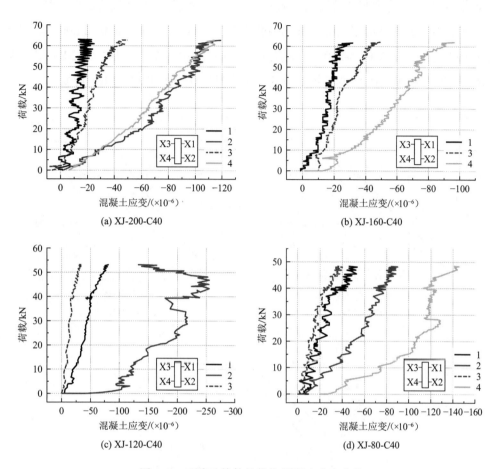

图 4-58 现浇连接件的荷载-混凝土应变曲线

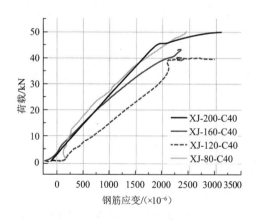

图 4-59 现浇连接件的荷载-钢筋应变曲线

综上所述,三种试件的应变均受到了重力的影响,其中灌浆波纹管试件和现浇试件因自身重量较大,所以受重力影响较大;而灌浆套筒试件自身重量较小,与其他两种试件相比,重力影响较小。

4.4 本章小结

本章对 28 组不同形式的连接件进行了单向拉伸试验,分析试件试验现象、粘结应力、钢筋滑移以及应变规律,得出以下结论:

(1)对 56 个试件进行了详细描述,并对套筒、钢筋、灌浆材料和混凝土的材料性能进行了测试,确定试验的加载设备和加载制度。

(2)锚固长度长和水料比小的试件没有出现混凝土劈裂和钢筋拔出破坏;钢筋拉断的位置基本都是在打磨处,说明打磨处的钢筋强度有所降低;根据承载力分析,建议灌浆套筒试件锚固长度、灌浆波纹管试件锚固长度。

(3)灌浆套筒锚固长度 120mm 的构件承载力大于锚固长度 100mm、70mm 和 50mm 构件的承载力,灌浆波纹管锚固长度 200mm 的构件承载力大于锚固长度 160mm、120mm 和 80mm 构件的承载力,不同水料比的构件承载力相差不大。应选取锚固长度长且水料比较小的灌浆套筒试件和灌浆波纹管试件。TT-0.10-120 试件、BW-0.10-200 试件和 XJ-200-C40 试件为三种形式中力学性能最优的代表。通过对三种不同形式的连接件进行对比,灌浆套筒试件和灌浆波纹管试件的粘结性能和现浇试件粘结性能相差不大,满足连接性能要求。根据试验数据拟合出三个最优试件的粘结应力-滑移曲线,并选取 XJ-200-C40 试件的粘结应力-滑移曲线作为第 3 章数值模拟的钢筋混凝土粘结应力-滑移本构关系。

(4)钢筋滑移随着锚固长度的增加而减小,水料比的增加而增长,但相对于锚固长度影响较小。由于套筒中部剪切作用较大,灌浆套筒试件中部套筒的应变大于两端套筒的应变;由于重力作用的影响,灌浆波纹管试件与现浇试件上部和下部的混凝土应变相差较大,下部应变明显大于上部应变;但是灌浆套筒试件受重力影响较小,上、下部套筒应变相差不大。

(5)TT-0.10-120 试件和 BW-0.10-200 试件是灌浆套筒试件和灌浆波纹管试件中的性能代表,试验验证了灌浆套筒和灌浆波纹管两种连接方式的可靠性,并将 TT-0.10-120 试件和 BW-0.10-200 试件的锚固长度适当加长后作为第 3 章模拟试件的连接件,用于研究装配式桥梁下部结构的抗震性能。

第 5 章
装配式桥梁下部结构受力特性仿真

5.1 连接形式

（1）灌浆套筒

灌浆套筒连接的优点是现场所需的施工时间比较短并可以减少施工现场焊接或搭接的工作量，在套筒灌浆后 1d 左右即可进行后续的施工。不足是由于套筒的存在，预制构件间外伸钢筋与套筒的位置会影响结构的整体性能，所以这种连接方式对施工的精度要求很高，并且在灌浆过程中，灌浆接头会出现气泡、堵塞、漏浆等问题从而导致连接性能下降。灌浆套筒连接方式见图 5-1。

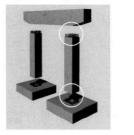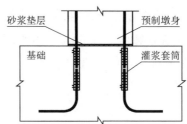

图 5-1　灌浆套筒连接方式示意图

（2）灌浆波纹管

通过在钢筋与金属波纹管间隙填充高强无收缩水泥灌浆料，等灌浆料硬化后对钢筋形成锚固的连接方式称为波纹管灌浆连接构造。这种连接构造的优点是现场湿作业量相对较少，并且施工快捷、可靠。不足是其预制墩身的钢筋伸出部分长度较大，锚固长度较长，对于高强无收缩水泥灌浆料的质量要求较高，同时预埋波纹管的存在也加剧了节点处钢筋的拥堵，其抗震性能与现浇墩柱类似，可视为等同现浇类型。如图 5-2 所示，这种连接方式多用于盖梁桥墩和墩柱节段之间的连接。

5.2 有限元模型建立

有限元是一种以计算机理论为主的数值模拟方法。该方法在模拟结构性能的各个方面

图 5-2　灌浆波纹管连接方式示意图

以及现代结构理论的发展中发挥着重要作用。目前,许多软件已具备完善的体系,并用于研究工程结构。数值模拟可以模拟试验中无法准确反映的物理量,扩大影响参数的范围,模拟分析多个参数对模型的影响,为结构试验和工程实践提供有价值的参数依据。

有限元法的基本原理是变分核心原理,其原理是将弹性体离散成小单元的等价形式体,然后再将等价单元体组合成结构体。这其中包括先对每个单元建立方程,根据单元的准确位置设定其边界条件进行求解,然后再将单元体按一定的规律和方式来求解结构体的未知量。本研究采用 ABAQUS 软件进行精细化模型结构的建立,充分考虑材料非线性的关键性问题,采用隐式求解器进行求解,模拟试验中试件的受力形态。

5.2.1　材料本构关系

1) 混凝土本构关系

本研究采用混凝土塑性损伤模型(Concrete Damaged Plasticity,CDP)来模拟混凝土在循环荷载作用下的受力性能。CDP 模型是在原弹塑性模型的基础上引入了损伤相关变量,并充分考虑了混凝土的损伤以及裂缝开展、裂缝闭合的情况,可以反映混凝土结构在循环荷载作用下的滞回耗能、刚度退化等性能。《混凝土结构设计规范》GB 50010—2010 附录 C 中的曲线,如图 5-3 所示。

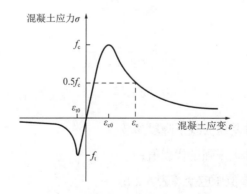

图 5-3　混凝土单轴应力-应变曲线

混凝土单轴受拉应力-应变曲线如下：

$$\sigma = (1 - d_t)E_c\varepsilon \tag{5-1}$$

$$d_t = \begin{cases} 1 - \rho_t[1.2 - 0.2x^5] & x \leqslant 1 \\ 1 - \dfrac{\rho_t}{\alpha_t(x-1)^{1.7} + x} & x > 1 \end{cases} \tag{5-2}$$

$$x = \dfrac{\varepsilon}{\varepsilon_{t,r}} \tag{5-3}$$

$$\rho_t = \dfrac{f_{t,r}}{E_c\varepsilon_{t,r}} \tag{5-4}$$

式中：α_t——混凝土单轴受拉曲线下降段参数；

$f_{t,r}$——混凝土单轴抗拉强度代表值；

$\varepsilon_{t,r}$——$f_{t,r}$相对应的峰值拉应变（表5-1）；

d_t——受拉损伤演化参数。

混凝土单轴受拉应力-应变曲线的参数取值 表5-1

$f_{t,r}/$（N/mm²）	1.0	1.5	2.0	2.5	3.0	3.5	4.0
$\varepsilon_{t,r}/$（×10⁻⁶）	65	81	95	107	118	128	137
α_t	0.31	0.70	1.25	1.95	2.81	3.82	5.00

混凝土单轴受压应力-应变曲线如下：

$$\sigma = (1 - d_c)E_c\varepsilon \tag{5-5}$$

$$d_c = \begin{cases} 1 - \dfrac{\rho_c n}{n - 1 + x^n} & x \leqslant 1 \\ 1 - \dfrac{\rho_c}{\alpha_c(x-1)^2 + x} & x > 1 \end{cases} \tag{5-6}$$

$$\rho_c = \dfrac{f_{c,r}}{E_c\varepsilon_{c,r}} \tag{5-7}$$

$$n = \dfrac{E_c\varepsilon_{c,r}}{E_c\varepsilon_{c,r} - f_{c,r}} \tag{5-8}$$

$$x = \dfrac{\varepsilon}{\varepsilon_{c,r}} \tag{5-9}$$

式中：α_c——混凝土单轴受压曲线下降段参数；

$f_{c,r}$——混凝土单轴抗压强度代表值；

$\varepsilon_{c,r}$——$f_{c,r}$相应的峰值压应变（表5-2）；

d_c——受压损伤演化参数。

混凝土单轴受压应力-应变曲线的参数取值 表 5-2

$f_{c,r}$/ (N/mm²)	20	25	30	35	40	45	50	55	60	65	70
$\varepsilon_{c,r}$/ (×10⁻⁶)	1470	1560	1640	1720	1790	1850	1920	1980	2030	2080	2130
α_c	0.74	1.06	1.36	1.65	1.94	2.21	2.48	2.74	3.00	3.25	3.50
$\varepsilon_{cu}/\varepsilon_{c,r}$	3.0	2.6	2.3	2.1	2.0	1.9	1.9	1.8	1.8	1.7	1.7

CDP 模型中的参数如表 5-3 所示。

CDP 模型参数 表 5-3

膨胀角/°	偏心率	f_{b0}/f_{c0}	K_c	黏性参数
30	0.1	1.16	0.0667	0.005

2）钢筋本构关系

常用的钢筋本构关系包括以下三种模型：

（1）理想弹塑性模型：适合于结构非线性分析。如图 5-4 所示，其表达式为：

$$\sigma_s = \begin{cases} E_s\varepsilon_s & 0 < \varepsilon_s \leqslant \varepsilon_y \\ f_y & \varepsilon_y < \varepsilon_s \leqslant \varepsilon_u \end{cases} \tag{5-10}$$

（2）二折线弹性-强化模型分为弹性段和塑性段。如图 5-5 所示，表达式为：

$$\sigma_s = \begin{cases} E_s\varepsilon_s & 0 < \varepsilon_s \leqslant \varepsilon_y \\ f_y + E'_s(\varepsilon_s - \varepsilon_h) & \varepsilon_y < \varepsilon_s \leqslant \varepsilon_u \end{cases} \tag{5-11}$$

（3）三折线弹性-强化模型分为弹性、屈服和强度硬化三个阶段。如图 5-6 所示，表达式为：

$$\sigma_s = \begin{cases} E_s\varepsilon_s & \varepsilon_s \leqslant \varepsilon_y \\ f_y & \varepsilon_y < \varepsilon_s \leqslant \varepsilon_{sh} \\ f_y + E'_s(\varepsilon_s - \varepsilon_{sh}) & \varepsilon_{sh} < \varepsilon_s \leqslant \varepsilon_u \end{cases} \tag{5-12}$$

式中：E_s——初始弹性模量；

E'_s——强化段的非弹性模量。

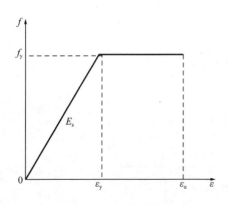

图 5-4 理想弹塑性模型

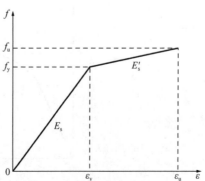

图 5-5 二折线弹性-强化模型

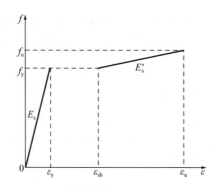

图 5-6 三折线弹性-强化模型

综上所述并参考相关文献同时考虑其收敛性，本研究建立的模型中，纵筋和箍筋则采用二折线弹性-强化模型。

3）钢筋混凝土粘结-滑移本构关系

ABAQUS 一般采用共节点弹簧连接以及 Cohesive 接触连接来考虑钢筋混凝土粘结-滑移作用。因前者的计算量较大，本研究采用 Cohesive 接触来进行模拟。Cohesive 是一种分离式单元模型，被许多学者展开深入研究并得到了广泛应用，采用这种连接方式可以确保模型的准确性。

Nilson 对钢筋和混凝土的粘结力和摩擦力进行拟合研究得出公式(5-13)；Houde 通过钢筋的拔出试验研究其粘结强度，总结得出公式(5-14)；狄生林通过对梁式试验的研究，提出两者滑移的本构关系公式(5-15)。

$$\tau = 9.78 \times 10^2 S - 5.72 \times 10^4 S^4 + 8.35 \times 10^5 S^3 \tag{5-13}$$

$$\tau = (5.29 \times 10^2 S - 2.51 \times 10^4 S^2 + 5.84 \times 10^5 S^3 - 5.46 \times 10^6 S^4)\sqrt{\frac{f_c}{42.3}} \tag{5-14}$$

$$\tau = 9.78 \times 10^2 S - 5.72 \times 10^4 S^4 + 8.35 \times 10^5 S^3 \tag{5-15}$$

随着研究的深入，以上的滑移关系并不能满足当今时代的要求。本模拟选取试验拟合的 XJ-200-C40 钢筋混凝土粘结-滑移本构关系，如图 5-7 所示。

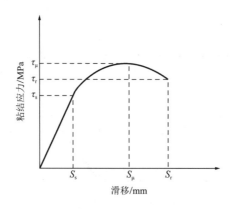

图 5-7 粘结-滑移本构关系

试验拟合的钢筋混凝土粘结应力-滑移曲线分为微滑移阶段、滑移加速阶段和下降阶段三个阶段。公式为(5-16)，参数取值见表5-4。

$$\tau = \begin{cases} \dfrac{\tau_s}{S_s}S & (0 < S \leqslant S_s) \\ \tau_\mu + \dfrac{\tau_s - \tau_\mu}{(S_s - S_\mu)}(S - S_\mu)^2 & (S_s < S \leqslant S_\mu) \\ \tau_\mu + \dfrac{\tau_r - \tau_\mu}{(S_r - S_\mu)}(S - S_\mu)^2 & (S_\mu < S \leqslant S_r) \end{cases} \tag{5-16}$$

式中：τ——两者之间的粘结应力；

S——两者之间的相对滑移。

参数取值　　　　　　　　　　　　表5-4

特征点	微滑移s	峰值μ	残余r
粘结应力/（N/mm²）	$2.79f_{t,r}$	$3.54f_{t,r}$	$3.11f_{t,r}$
相对滑移/mm	$0.149d$	$0.721d$	$0.908d$

注：表中d为钢筋直径（mm）；$f_{t,r}$为混凝土的抗拉强度特征值（N/mm²）。

5.2.2 单元类型和网格划分

本研究混凝土采用C3D8R单元模拟。该单元具有非线性材料的属性，有精度高、受干扰小等优点。钢筋采用T3D2单元模拟，其单元优势在于：在计算分析过程中，当网格区域出现过量变形时，也不影响模型的分析精度，继而保证结果的准确性。

网格划分是有限元数值分析的重要组成部分，会影响数值结果的精确性。在确保模型精度的前提下还需控制其计算量，以保证模型的顺利运行。由于模型中存在不规则的形状，需要使用软件中拆分几何元素控件进行切割，使其几何形状变规则，全部显示绿色后进行结构网格划分。盖梁和承台部件的网格划分为80mm，墩柱的网格划分为60mm，对柱底进行网格加密，网格划分为30mm。网格划分如图5-8所示。

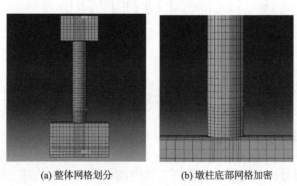

(a) 整体网格划分　　(b) 墩柱底部网格加密

图5-8 网格划分

5.2.3 接触条件

ABAQUS 通过 Interaction 模块来定义相互作用。在建模中考虑钢筋和混凝土、墩柱上下截面与盖梁承台、灌浆料和套筒、波纹管之间相互影响。设置墩柱上下截面和盖梁承台、钢筋和混凝土的法向作用为硬接触,切向作用选用库仑摩擦模型,以墩柱上下截面和混凝土为主面,盖梁承台截面和钢筋为从面进行设置。灌浆料和套筒、波纹管采用绑定接触。摩擦系数定为 0.5,完成模型的接触设置。

5.2.4 边界条件和加载条件

为了更好地模拟真实情况,保证柱底固结。在承台底部中心耦合 RP-2 参考点,并约束 6 个自由度。本研究模拟了轴力加载和水平力加载的过程,共设置两个分析步:第一步模拟轴压,第二步模拟水平荷载。

第一步:在盖梁顶部 RP-1 参考点施加轴压比为 0.3 的集中力,该步骤将持续至第二步,不予卸载。轴压力的计算如式(5-17)所示:

$$N = \eta_k \cdot A \cdot f_{cd} \tag{5-17}$$

式中:η_k——轴压比;

A——盖梁截面面积;

f_{cd}——混凝土轴向抗压强度。

第二步:采用位移控制加载方式,按屈服位移Δ_y的倍数进行加载,每级循环加载两次,如图 5-9 所示。

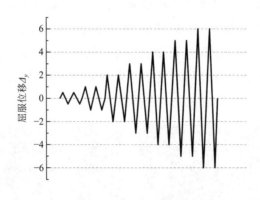

图 5-9 位移加载制度

5.2.5 模型参数

本研究以济南至微山公路济宁新机场至枣菏高速段为工程依托,按照 1∶4 比例进行缩尺。本研究设计的模型截面尺寸及配筋,如图 5-10 所示。盖梁尺寸为 900mm(长)×600mm

（宽）×600（高）mm；墩柱为圆柱形，直径为350mm，高度为2000mm；承台尺寸为1400mm（长）×800mm（宽）×800mm（高）。其中墩柱的配筋率为1.14%，符合规范0.6%~5%的要求。设计了PC-01、PC-02、PC-03、PC-04和RC五组有限元模型，其中PC-01试件墩柱上下截面与盖梁、承台为灌浆套筒连接；PC-02试件墩柱上下截面与盖梁、承台为灌浆波纹管连接；PC-03试件墩柱上截面与盖梁为灌浆套筒连接，墩柱下截面与承台现浇；PC-04试件墩柱上截面与盖梁是灌浆波纹管连接，墩柱下截面与承台现浇；RC试件为现浇结构。

试件采用C40混凝土，弹性模量为32500MPa；墩柱内布置12根直径12mm，强度等级为HRB400的钢筋，弹性模量为2.01×10^6MPa；箍筋直径10mm，间距100mm，在墩柱的底部进行箍筋加密。灌浆套筒直径40mm，长度400mm；灌浆波纹管直径40mm，长度600mm。模拟试件竖向荷载轴压比取0.3，模型试件参数如表5-5所示。

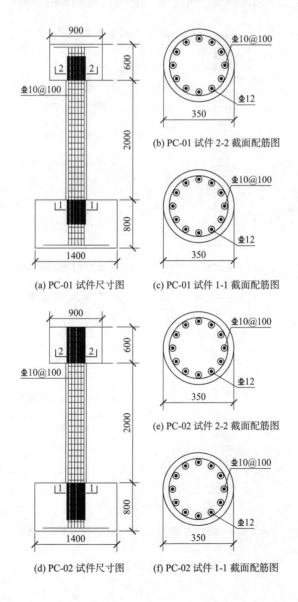

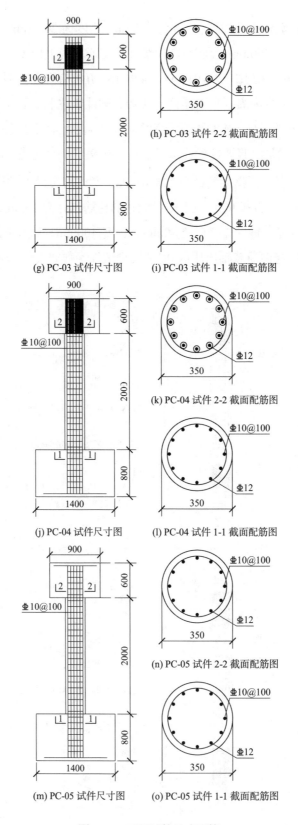

图 5-10 五组试件尺寸配筋

模型试件参数　　　　　　　　　　　　　　表 5-5

试件编号	墩柱-盖梁连接方式	墩柱-承台连接方式	轴压比	配筋率/%
PC-01	灌浆套筒连接	灌浆套筒连接	0.3	1.14
PC-02	灌浆波纹管连接	灌浆波纹管连接	0.3	1.14
PC-03	灌浆套筒连接	现浇	0.3	1.14
PC-04	灌浆波纹管连接	现浇	0.3	1.14
RC	现浇	现浇	0.3	1.14

5.3　试件破坏形态

屈服时桥梁下部结构应力云图和钢筋 Mises 应力云图，如图 5-11 所示。对五组试件进行应力云图分析，研究其钢筋变形和混凝土受力破坏情况。由图 5-11 可知，试件在 Y 轴两侧产生较大应力，发生明显鼓曲。RC 试件墩柱底部塑性铰区域的应力集中最明显，PC-02、PC-03 和 PC-04 试件墩柱底部应力集中次之，PC-01 试件主要在墩柱顶部和中部出现应力集中现象。RC 试件屈服应力值最大，因此现浇试件 RC 的整体稳定性最好，PC-03、PC-03 和 PC-04 试件次之，PC-01 试件整体稳定性最差。由钢筋应力云图可以看出，PC-02 试件和 PC-04 试件钢筋屈服面积最大，底部拼装部分几乎全部弯曲屈服，RC 试件屈服面积次之，PC-01 和 PC-03 试件屈服面积最小。

如图 5-12 所示为五组试件受压损伤云图，试件首先在混凝土的两侧出现裂缝，然后逐渐发展为 45°斜裂缝，最后向集中荷载点迅速扩展。由于灌浆套筒和灌浆波纹管的作用，PC-02、PC-03 和 PC-04 试件的底部塑性铰区域长度大于 RC 试件，墩柱底部混凝土受压损伤高度也高于 RC 试件。PC-01 试件和 RC 试件墩柱底部塑性铰区域长度几乎一致。随着裂缝的发展，墩柱底部部分混凝土脱落失效，钢筋屈服后试件被压碎，试件呈现弯曲破坏形态。

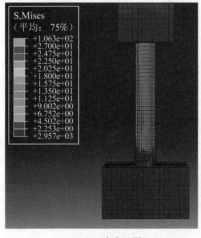
(a) PC-01 应力云图

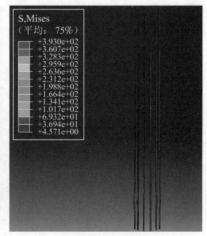
(b) PC-01 钢筋应力云图

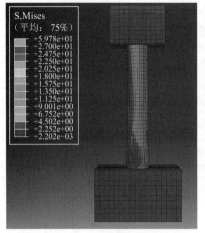

(c) PC-02 应力云图

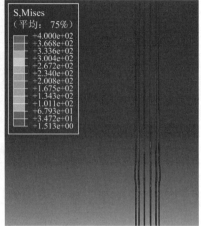

(d) PC-02 钢筋应力云图

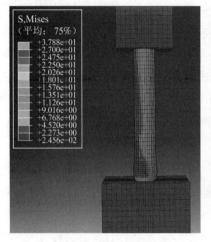

(e) PC-03 应力云图

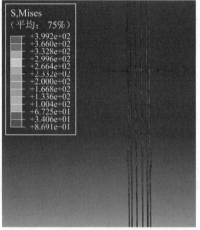

(f) PC-03 钢筋应力云图

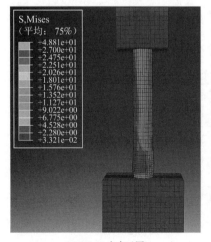

(g) PC-04 应力云图

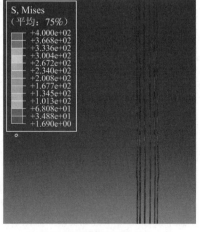

(h) PC-04 钢筋应力云图

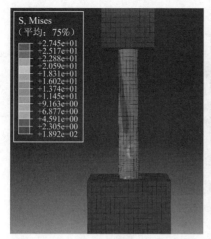

(i) RC 应力云图

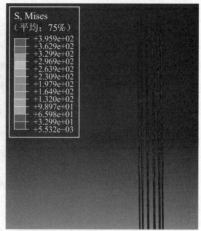

(j) RC 钢筋应力云图

图 5-11　五组试件应力屈服云图

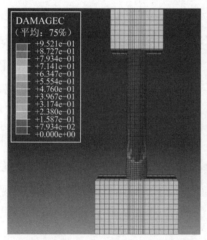

(a) PC-01 受压损伤云图

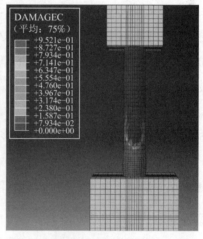

(b) PC-02 受压损伤云图

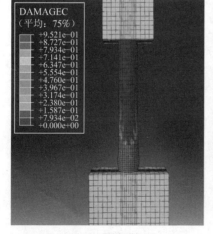

(c) PC-03 受压损伤云图

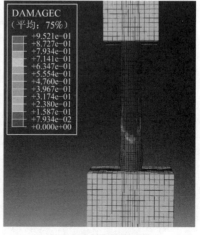

(d) PC-04 受压损伤云图

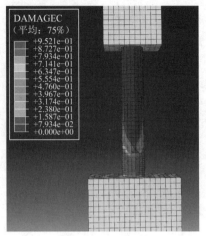

(e) RC 受压损伤云图

图 5-12　五组试件受压损伤云图

五组试件受拉损伤云图，如图 5-13 所示。PC-01、PC-02、PC-03 和 PC-04 试件墩柱底部混凝土受拉损伤程度显著大于 RC 试件。RC 试件的受拉损伤最小，说明 RC 试件稳定性最好；PC-01 试件的受拉损伤次之，并无向墩身发展的趋势；PC-02、PC-03 和 PC-03 试件受拉损伤最为严重，并有向墩身发展的趋势。其中，PC-02 试件和 PC-04 试件发展趋势更加明显。

如图 5-14 所示为五组试件等效塑性应变云图，云图变异缩放系数 ×3。由图 5-14 可知，PC-02 试件和 PC-04 试件在墩柱底部区域等效塑性应变最明显，PC-01 试件和 PC-03 试件次之，RC 试件最不明显。PC-01、PC-02 和 RC 试件墩柱底部没有出现滑移现象，PC-01 试件和 PC-02 试件墩柱底部有明显滑移现象，PC-01 试件相对于 PC-02 试件墩柱底部滑移更加明显。

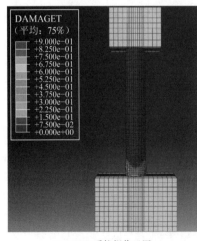 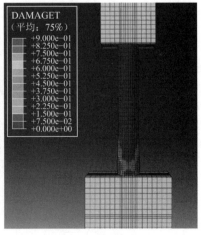

(a) PC-01 受拉损伤云图　　　　　　　　(b) PC-02 受拉损伤云图

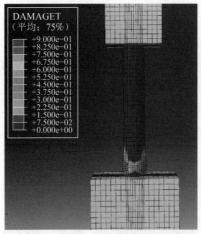
(c) PC-03 受拉损伤云图

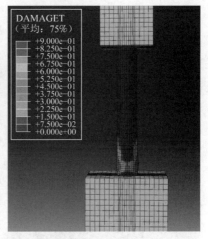</br>
(d) PC-04 受拉损伤云图

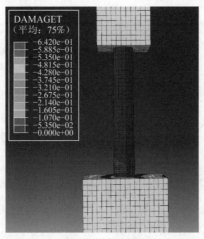
(e) RC 受拉损伤云图

图 5-13　五组试件受拉损伤云图

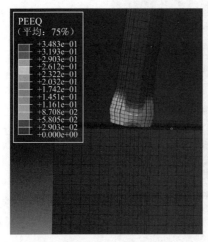
(a) PC-01 等效塑性应变云图（推）

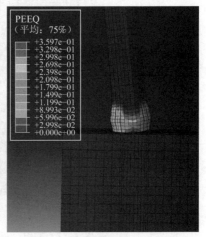
(b) PC-01 等效塑性应变云图（拉）

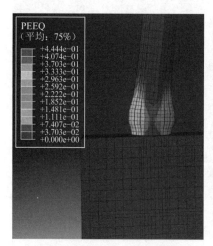
(c) PC-02 等效塑性应变云图（推）

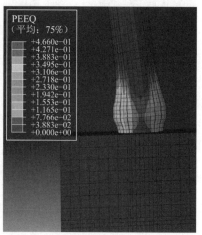
(d) PC-02 等效塑性应变云图（拉）

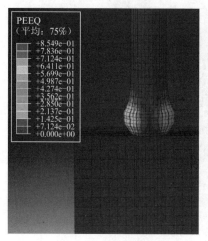
(e) PC-03 等效塑性应变云图

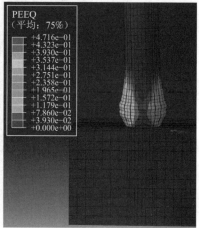
(f) PC-04 等效塑性应变云图

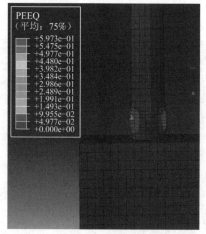
(g) RC 等效塑性应变云图

图 5-14　五组试件等效塑性应变云图

5.4 滞回曲线

滞回曲线是在循环力的往复作用下得到的结构荷载变形曲线，它反映了结构在往复荷载过程中的变形特性、刚度退化和耗能情况。滞回环形状有梭形、弓形、倒 S 形和 Z 形四种类型，如图 5-15 所示。

图 5-15　不同类型的滞回曲线

梭形形状最为饱满；弓形有稍微的"捏缩"效应；倒 S 形说明了构件之间表面的接触产生了过多的滑移，通过变形势能消耗地震能量的性能较差；Z 形表示出现了大量滑移，结构在地震下的耗能性能进一步减弱。结构滞回环的面积越大，地震作用时吸收的能量也就越多，所以梭形和弓形具有良好的抗震性能和耗能能力。

考虑 $P\text{-}\Delta$ 效应，将顶端 RP1 参考点的荷载-位移曲线转变成弯矩-转角曲线，然后再进行下面的分析。

墩柱底部弯矩 M：墩柱底部受到盖梁顶部轴力和盖梁端部水平力的作用，弯矩按公式(5-18)计算。

墩柱底部转角 θ：从力学角度分析，墩柱底部转角是墩柱底部与墩柱轴线夹角的相对转动值，转角按公式(5-19)计算。

$$M = PH + N\Delta_\mu \tag{5-18}$$

$$\theta = \Delta_\mu/H \tag{5-19}$$

式中：M——墩柱底部弯矩；

θ——墩柱底部转角；

P——盖梁端部水平力；

H——墩底到盖梁顶部的高度；

N——盖梁顶部的轴力；

Δ_μ——盖梁顶部的水平位。

五组试件的滞回曲线见图 5-16。

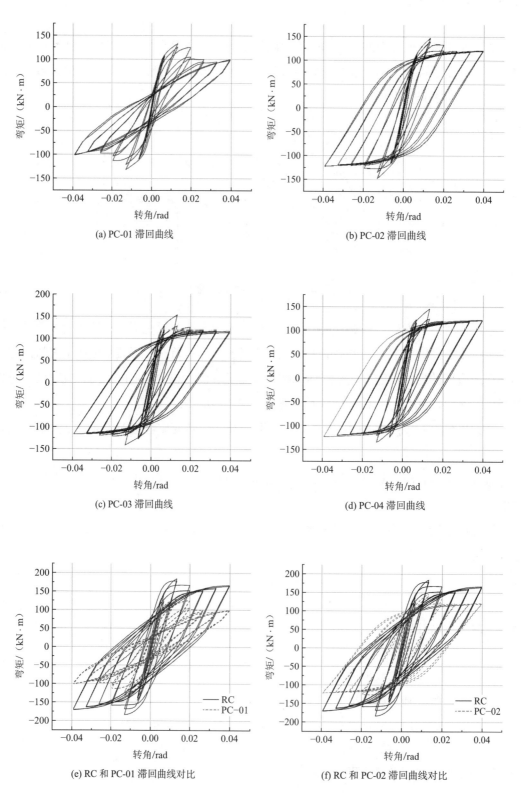

(a) PC-01 滞回曲线

(b) PC-02 滞回曲线

(c) PC-03 滞回曲线

(d) PC-04 滞回曲线

(e) RC 和 PC-01 滞回曲线对比

(f) RC 和 PC-02 滞回曲线对比

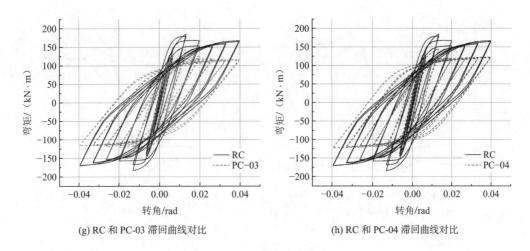

图 5-16 五组试件的滞回曲线

5.5 骨架曲线

滞回曲线每级荷载位移下的峰值荷载相连而成的曲线就是骨架曲线，可以反映出结构的强度、延性等抗震指标。

五组试件的骨架曲线，如图 5-17 所示。PC-01、PC-02、PC-03、PC-04 和 RC 试件的极限承载力分别为 136.9kN·m、147.3kN·m、153.1kN·m、146.4kN·m 和 183.8kN·m。RC 试件极限承载力最大，PC-03、PC-03 和 PC-04 试件次之，PC-01 试件最小。五组试件骨架曲线之间具有相似的下降斜率。PC-01 试件极限承载力是 RC 试件的 74.5%，PC-02 试件极限承载力是 RC 试件的 80.1%，PC-03 试件极限承载力是 RC 试件的 83.3%，PC-04 试件极限承载力是 RC 试件的 80.0%。五组试件极限承载力虽然有差异，但是总体来说较为相近。

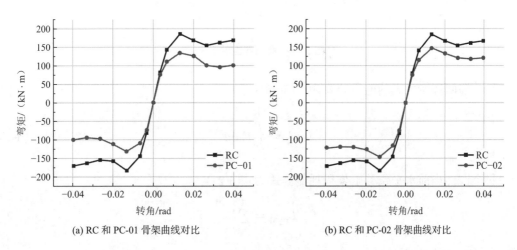

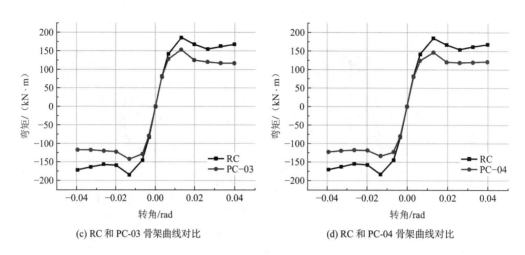

(c) RC 和 PC-03 骨架曲线对比　　　　(d) RC 和 PC-04 骨架曲线对比

图 5-17　五组试件的骨架曲线

5.6　累积耗能

耗能能力是指试件在往复荷载作用下吸收的能量。耗能的强弱采用累积耗能 E_{hyst} 来描述，如图 5-18 所示。

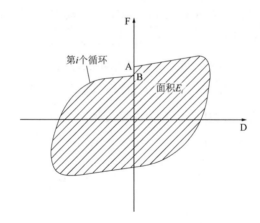

图 5-18　滞回耗能的定义

每个滞回环所代表的能量公式为式(5-20)：

$$E_i = \int_A^B F_i \, du \qquad (5\text{-}20)$$

每个试件当前水平位移下累积耗能公式为式(5-21)：

$$E_{\text{hyst}} = \sum_{i=1}^{n} E_i \qquad (5\text{-}21)$$

式中：n——滞回环环数。

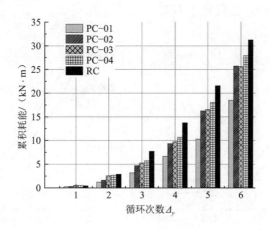

图 5-19　五组试件的累积耗能

如图 5-19 所示为五组试件的累积耗能。RC 试件的累积耗能能力最强，PC-02、PC-03 和 PC-04 试件次之，PC-01 试件最小。PC-04 试件最终累积耗能是 RC 试件的 89.6%；PC-03 试件最终累积耗能是 RC 试件的 82.0%；PC-02 试件最终累积耗能是 RC 试件的 82.7%；PC-01 试件最终累积耗能是 RC 试件的 59.3%，是 PC-04 的 66.1%，PC-03 的 72.3%，PC-02 的 71.7%。综合来看，PC-01 试件最终累积耗能与 RC 试件相比稍低，PC-02、PC-03 和 PC-04 试件表现出了与 RC 试件一致的累积耗能能力。

5.7　刚度退化

刚度退化是指随着反复荷载循环次数的增加，结构的变形能力逐渐降低的性能。等效刚度 K 是屈服后各阶段位移荷载第一个循环荷载峰值线的斜率，即峰值点的割线刚度，如式(5-22)所示，通过 K 随着位移的改变来探讨刚度的退化程度。

$$K = \frac{|P_i^+| + |P_i^-|}{|\Delta_i^+| + |\Delta_i^-|} \tag{5-22}$$

式中：P_i^+——每级加载的正向峰值荷载；

　　　P_i^-——每级加载的负向峰值荷载；

　　　Δ_i^+——与 P_i^+ 对应的位移；

　　　Δ_i^-——与 P_i^- 对应的位移。

如图 5-20 所示为五组试件的刚度退化曲线。试件初始阶段刚度退化斜率很大，之后逐渐趋于平缓。PC-01、PC-02、PC-03、PC-04 和 RC 试件的最大割线刚度分别为 22639.2kN·m、22714.6kN·m、23930.4kN·m、24069.4kN·m 和 24561.7kN·m。由于 PC-03 和 PC-04 试件墩柱底部和承台是现浇的，所以初始刚度和 RC 试件相差不大，而 PC-01 和 PC-02 试件初始刚度小于前者。PC-03 和 PC-04 试件的刚度退化程度稍大于 RC 试件，PC-01 和 PC-02 试件的刚度退化程度与 RC 试件相差不大。

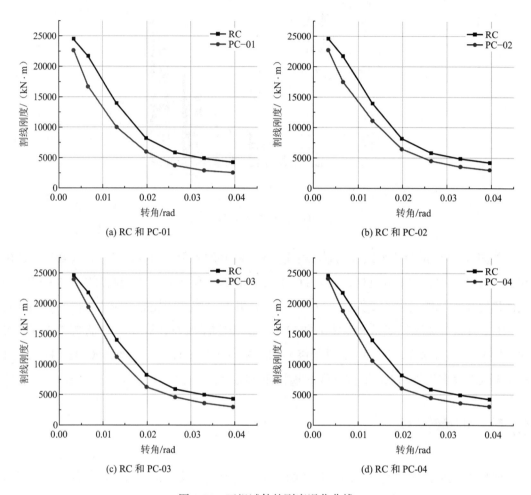

图 5-20 五组试件的刚度退化曲线

5.8 延性分析

延性是构件在弹性极限后抵抗刚度和强度退化的变形能力。本研究通过延性系数 μ 来反映构件的延性，其公式(5-23)为：

$$\mu = \frac{|\Delta_u^+| + |\Delta_u^-|}{|\Delta_y^+| + |\Delta_y^-|} \tag{5-23}$$

式中：Δ_u^+——正向极限位移；

Δ_u^-——负向极限位移；

Δ_y^+——正向屈服位移；

Δ_y^-——负向屈服位移。

本研究采用 R.Park 法；首先找到 $0.6P_{max}$ 对应的位移点 I，连接 OI 两点交 P_{max} 水平线于 A 点，然后过 A 点做垂线与曲线交于点 B，B 点对应的横纵坐标即为 P_y 和 Δ_y，如图 5-21 所示。

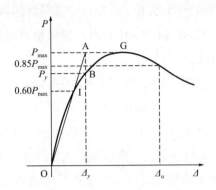

图 5-21　R.Park 法求屈服位移

五组试件的延性系数，如表 5-6 所示。PC-04 试件的延性系数最大，PC-02 试件延性系数最小，墩柱底部灌浆波纹管拼装对结构的延性影响较大。综上所述，灌浆套筒和灌浆波纹管连接装配式结构和整体现浇结构具有相似的延性系数，满足延性抗震设计规定，具有良好的抗震性能。

五组试件的延性系数　　　　表 5-6

试件	正向屈服位移/mm	正向极限位移/mm	负向屈服位移/mm	负向极限位移/mm	延性
PC-01	0.0063	0.0232	0.0062	0.0198	3.44
PC-02	0.0073	0.0239	0.0072	0.0198	3.01
PC-03	0.0070	0.0186	0.0061	0.0246	3.35
PC-04	0.0066	0.0188	0.0056	0.0264	3.78
RC	0.0082	0.0259	0.0080	0.0245	3.11

5.9　本章小结

本章完成对装配式桥梁下部结构模型的建立，并从破坏形态、承载力、耗能、刚度和延性等方面对试件进行分析。结论如下：

（1）介绍了 ABAQUS 有限元软件中核心原理和材料非线性问题。针对钢筋混凝土粘结滑移的问题，本研究选取由试验数据拟合的钢筋混凝土滑移本构关系，通过试验数据确保模拟结果的准确性。

（2）从单元类型、网格划分、接触方式、边界条件等方面进行了介绍，确定了最优化的有限元模型。其中混凝土选用 C3D8R 单元、钢筋选用 T3D2 单元进行模拟，墩柱的网格划分为 60mm、柱底网格划分为 30mm，并采用 Interaction 功能模块来定义各部件相互作用。依据工程背景，对五组模型的尺寸、配筋率、连接方式和轴压比等方面的参数进行介绍。

（3）五组试件在 Y 轴两侧产生较大应力，呈现弯曲破坏的特征。RC 试件墩柱底部塑性铰区域的应力集中最明显。PC-01 和 PC-02 试件墩柱底部有明显滑移现象，PC-01 试件相对于 PC-02 试件滑移更加明显。

（4）RC 试件的滞回环面积大于 PC-01 试件的滞回环面积，与 PC-02、PC-03 和 PC-04 试件的滞回环面积相差不大，五组试件的滞回环形状都符合梭形或弓形。对比五种试件骨架曲线的极限承载力，RC 试件最大，PC-03、PC-03 和 PC-04 试件次之，PC-01 试件最小。五组试件骨架曲线下降段斜率相差不大，四组装配式试件表现出良好的抗震性能。

（5）对比五组试件累积耗能能力，PC-01 试件最终累积耗能与 RC 试件相比稍低，PC-02、PC-03 和 PC-04 试件与 RC 试件的耗能能力相似。PC-03 和 PC-04 试件初始刚度与 RC 试件相差不大，刚度退化大于 RC 试件；PC-01 和 PC-02 试件的初始刚度小于 RC 试件，刚度退化相差不大。

（6）通过五组试件延性系数的对比，PC-02 试件延性系数最小，墩柱底部灌浆波纹管拼装对装配式桥梁下部结构的延性影响较大，但都具有良好的抗震性能。

第三篇

预制篇

第 6 章
预制厂站

6.1 预制厂选址

本合同段的施工场地按业主指定位于济宁境内,项目部驻地在高新互通西侧自建,使用装配式箱形板房办公楼。二分部位于高新区,高新综合厂站 1 处,紧靠高新高架桥,包含项目部驻地(含分部驻地)、拌合站、预制厂、钢筋厂等占地约 150 亩(1 亩 ≈ 666.67m²)。三分部位于微山县马坡镇、鲁桥镇,南二环综合厂站 1 处,位于马坡北互通(K63)西侧 1km 处,占地约 170 亩,含分部驻地、土工实验室、路面综合实验室、预制厂(预制 T 梁、预制箱涵、路基小构件预制)。四分部位于微山县两城镇,枣菏湖东拌合站、预制厂;计划使用至 2020 年年底,完成两城镇段落内 25m 和 30m 箱梁预制,桩基、下构等大方量完成后将拌合站改为水稳站,将预制厂作为砂石料备料场地和仓库。其中,各分部具体施工范围划分可见图 6-1。

图 6-1 总体规划布置图

项目规划三个综合厂站,其中项目驻地、项目中心实验室位于二分部综合厂站内,厂站具体规划及分布见表 6-1。

厂站设置一览表　　　　　　　　　　　　　表 6-1

序号	分部	厂站	规模及配置
1	二分部	高新综合厂站（K48）	占地 280 亩，项目部驻地、混凝土拌合站、预制厂、钢筋加工中心、中心实验室
2	三分部	南二环综合厂站（K63）	占地 170 亩，分部驻地、混凝土拌合站、预制厂、钢筋厂
3	四分部	两城镇综合厂站（K84）	占地 80 亩，预制厂、拌合站

高新区综合厂站预制厂并列设置，航拍图见图 6-2，预制方案为移动底盘 + 高温蒸养（含带模升温养护），流水线作业，8 套模板。32 个移动底盘，预制区全封闭全天候作业。预制墩柱盖梁：预制墩柱 516 根，预制盖梁 238 个。

南二环综合厂站预制场计划 4 条生产线，70 个台座。预制任务：全线 T 梁 2870 片；全线预制小构件 70 道，2372m，605 节段。箱梁 626 片（25m538 片，30m88 片），方量 7.6 万 m^3。箱梁预制：计划 2 条生产线，预计在 2021 年 12 月底完成全部预制工作。小构件预制：计划 2 条生产线，预计在 2020 年 12 月底完成全部预制工作。

两城枢纽预制厂拟采用枣菏高速目前湖东梁场改造，箱梁 498 片（25m 212 片，30m 286 片），混凝土方量为 2.1 万 m^3，2 条生产线。

图 6-2　高新区预制厂站

6.2　预制工厂功能需求及区域划分

6.2.1　预制厂总体布置

预制厂总体布置包括：装配式箱梁预制厂、装配式下部构件预制厂、装配式 T 梁预制厂和办公生活区，其中装配式箱梁预制厂呈 L 形分布，装配式下部构件预制厂和装配式 T 梁预制厂位于箱梁预制厂两侧，具体分布情况可见图 6-3。

其中，装配式箱梁预制厂厂区占地 44.6 亩。有效生产周期 12.4 个月，生产能力 8 片/d，预制厂分为钢筋成品存放区、浇筑区、蒸养（一）区（二）区、张拉（一）区（二）区、存梁（一）区（二）区五大功能区，布置 8 条生产线，配置 8 套液压模板，4 套底、腹板和 4 套顶板钢筋绑扎胎架，40 套移动底盘，ME60t + 60t/30m 小龙门式起重机 2 台，10t/29m 桁架门式起重机 6 台。

下构预制厂占地面积 9.86 亩。负责二分部 516 根墩柱和 238 榀盖梁预制任务，墩柱有效生产周期 5.7 个月，生产能力 3 根/天；盖梁有效生产周期 4 个月，生产能力 2 榀/天。

根据装配式下部结构特点，依托济微项目建设。下构预制厂分为钢筋成品存放区、浇筑区、存放区三大功能区。墩柱布置 14 条生产线，配置 7 套模板 28 个预制底座，1 套墩柱翻转装置；盖梁布置 3 条生产线，配置 18 个预制底座，3 套模板，3 套钢筋绑扎胎架，共用 MG10t/30m 小龙门式起重机 3 台，MG100t/30m 大龙门式起重机 3 台。

图 6-3　预制厂整体布置航拍图

6.2.2　混凝土搅拌站

项目部拌合站采用全封闭式钢棚，可见图 6-4，配备自动喷淋洒水系统和扬尘噪声监测系统联动，具体可见图 6-5 和图 6-6，系统自动启动喷淋系统洒水降尘。既提高了厂站标准化程度，又降低了粉尘及噪声污染，提高环境品质，切实把工作落到实处。

图 6-4　全封闭式钢棚

图 6-5　拌合站喷淋系统　　　　　图 6-6　装配化料仓隔墙

（1）搅拌机选型

90 型搅拌机生产能力为 90m³/h，单盘混凝土 2m³。实际搅拌时对于加外加剂的混凝土每盘搅拌时间不小于 120s，根据经验实际操作考虑间歇时间每小时约产 40m³ 则搅拌机单日平均最大供应能力为 40×12×2 = 960m³（按 12h 生产时间），主要供应兖州高架桥以北区域混凝土。

150 型搅拌机生产能力为 150m³/h，单盘混凝土 2m³。实际搅拌时，对于加外加剂的混凝土每盘搅拌时间不小于 120s，根据经验实际操作考虑间歇时间每小时约产 70m³ 则搅拌机单日平均最大供应能力为 70×12×2 = 1680m³（按 12h 生产时间），主要供应兖州高架桥以南区域混凝土。

高新区拌合站计划配置双 120 站，公司内部调配，位置为 K48+700 处，供应 K42～K58 段内约 42 万 m³ 混凝土，以高架桥为主，兼顾 7km 路基段。

马坡北拌合站计划租用鹏程路桥的 240 混凝土站。供应 K58～K76+315（泗河-白马河以北）约 22 万 m³ 混凝土。

（2）场地清表及平整

拌合站场地清表及平整采用装载机粗平，辅以挖掘机、自卸车配合弃运清表土方，最后采用平地机精平，平整顶面预留排水坡度并在场地四周开挖临时排水沟以防止降雨造成场地积水，平整后采用 18t 压路机对场地进行压实，压实度不小于 90%。

（3）场地硬化

拌合站内料仓及重车行车区采用 25cm 厚 C25 混凝土硬化 + 级配碎石处理，料仓采用 20cm 厚 C25 混凝土，一般硬化段采用 20cm 厚 C25 混凝土，首先确保地基承载力满足要求。

场地硬化前测量场地标高以确保硬化地面厚度，对局部凹凸不平处采取人工整平，同时清除地表杂物并排除积水。

场地硬化分段分块进行，每块宽度 5m，端部模板采用 ⌶20 槽钢，硬化混凝土浇筑采用罐车溜槽辅以人工配合入模；采用振动梁振捣密实，浇筑过程中及时测量并严格控制硬化地面顶面标高及平整度；硬化混凝土浇筑完成后及时收浆抹面，待混凝土初凝后及时对表面进行覆盖并定时洒水养护。

（4）拌合设备基础及预埋件安装

拌合设备基础及预埋件安装施工，以厂家拌合设备安装图纸为准。

（5）拌合站功能区划分及设施配置

拌合站内功能区分为混凝土拌合区和集料堆放区；混凝土拌合区布置以厂家拌合设备安装图纸为准。

拌合站采用大棚全封闭设置。

料仓分隔墙采用 C25 的混凝土，高度 3m，厚度 35cm。

混凝土拌合站主要场地临建工程量及设备设施表见表 6-2。

混凝土拌合站主要场地临建工程量及设备设施表　　　表 6-2

序号	功能分区	设备名称	规格	数量	备注
1	混凝土拌合区	拌合站主机	90 型	1 套	理论 90m³/h
		拌合站主机	120 型	2 套	
		拌合站主机	240 型	1 套	
		水泥罐	150t	12 个	
		三级沉淀池	12.72×3.5×2m	3 个	污水沉淀
		蓄水池	12×4.4×2.2m	6 个	贮水
2	集料堆放区	集料仓	尺寸为 42×(20×3+25+20+16)m	6 个	
3		砂石分离机		1	
4		洗石机		1	
5		混凝土罐车	9m³	30 辆	混凝土运输
6		装载机	LG50	4 台	集料上料
7		发电机	300kW	3 台	备用电源

6.2.3　钢筋加工中心

钢筋加工厂站分别设置 30m×70m 和 60m×150m 全封闭式钢筋棚，工厂棚均为圆拱（或者双拱）钢结构场棚，内置通道（或者双通道），两端设置卷帘门。场棚内配置龙门式起重机等设备，功能分区设置明显标志牌，场棚四周挂安全宣传栏、设备操作规程等。所有用电均沿龙门轨道铺设，设置三级配电保护系统。

场内道路宽 5m，采用 20cm 厚 C20 混凝土硬化，其余部分采用 10cm 厚 C20 混凝土硬化，每隔 10m 切割一道深 7cm 深假缝。主干道硬化抹平后涂刷草绿色环保地板漆，两侧涂刷 15cm 宽黄色醒目警示带。场地内各类电气设备电缆线均采用硬质阻燃 PVC 管暗敷。

成品、半成品加工区、存放区设置为工18 工字钢间距 1.5m，下部使用⊏14 槽钢（长度 15cm）横向与工字钢焊接间距 1.5m，上部使用∟10 角钢高出工字钢表面 80cm；型钢表面涂刷宽度为 10cm 的红白油漆。

配套钢筋加工设备有：数控钢筋笼滚焊机 2 台、数控钢筋弯曲中心 2 台、数控钢筋弯箍机 2 台、智能钢筋自动剪切机器人 1 台、智能锯切套丝打磨一体机 1 台、电焊机、二保焊等。

为保证下部结构装配化施工质量，墩柱钢筋笼使用数控滚焊机集中加工，盖梁骨架片使用焊接机器人焊接。钢筋加工厂临建主要工程数量见表 6-3。

钢筋加工厂临建主要工程数量表　　　　　　表 6-3

序号	工程项目	标准	单位	工程数量	备注
1	厂区硬化混凝土	20cm 厚	m²	2150	C20
2		10cm 厚	m²	10750	
3	大棚预埋基础		m³	100	
4	场地平整压实	承载力不小于 150kPa	m²	13000	
5	活动板厂房	高 12m，宽 30m	m²	12000	

钢筋加工中心配备智能钢筋加工设备如图 6-7～图 6-10 所示。

图 6-7　全自动数控钢筋滚焊机　　图 6-8　智能钢筋弯箍机器人

图 6-9　立式智能钢筋机器人　　图 6-10　钢筋剪切机器人

6.2.4　构件预制区

整个厂区呈 L 形布置，具体各功能分区见图 6-11。其中，构件预制区位于 L 形厂区上部最左侧,此位置与钢筋加工中心和混凝土拌合站毗邻,方便钢筋的运输加工和后续构件的浇筑。

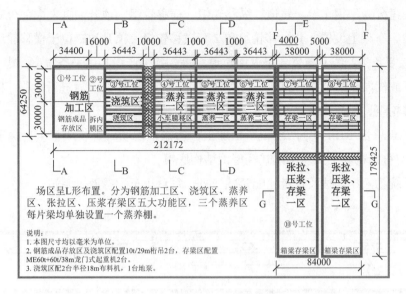

图 6-11　L 形厂区总体布置图

构件预制区包含钢筋加工区和浇筑区两大主要功能区。整体来讲,构件预制区的两大主要工程就是钢筋工程与混凝土工程,其主要任务是钢筋的加工以及在构件预制区完成底腹板、顶板钢筋的胎架整体绑扎以及安装外模、吊装内模、吊装顶板钢筋等任务,最后进行混凝土的浇筑。混凝土由场内拌合站集中供应,通过桁架门式起重机＋料斗入模,采用附着式高频振动器和插入式振动器相结合的方式。

本梁厂设计不同于传统预制厂,采用可移动底盘和液压内外模施工工艺,实现了预制箱梁施工的工厂化流水作业。

1）移动底盘车设计

预制梁厂的核心是预制箱梁移动底盘,其效果图可见图 6-12,在每条生产线上各布置 5 台移动底盘,每条生产线的移动底盘负责拖动不同批次箱梁在混凝土浇筑区、蒸养区、张拉区之间循环行走移动。

图 6-12　箱梁模板移动式底盘效果图

(1) 整体结构设计

预制底盘分为型钢车架、轨道、纵移轮组、横移轮组、顶升油缸六大部分。其设计图可见图 6-13，车架上设置 8 套纵移轮组和 2 套横移轮组，顶升油缸位于横移轮组上。轨道采用 43 轨，8 条生产线共布置 4 条返回轨道，每 2 条生产线共用一条轨道。小车横移时，操作油缸下放横向轮组至横移轨道，底模纵向轮组脱离轨道 2cm 后进行横移。横移完成后再收起横移轮组，切换到纵移状态。

型钢车架总长 31m，分两段工厂化加工，运输至现场后拼装成整车，两段长度均为 15.5m，呈对称结构其上安装单元式轻型钢结构底模。

动力系统为液压马达及行走轮配套减速机，每台小车配备液压泵站。

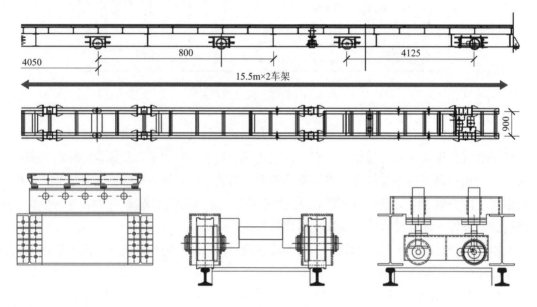

图 6-13 移动小车设计图

(2) 底模设计

采用单元装配式轻型钢结构，标准长度为 2.5m，台座结构形式为 ⌐8 槽钢 + 6mm 厚复合钢板，钢结构底模在工厂进行标准化生产后，现场直接装配到移动小车上，设计图可见图 6-14。

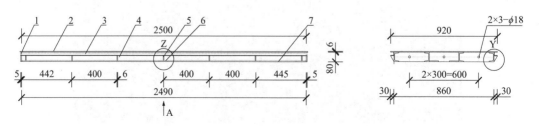

图 6-14 底模设计图

钢底盘厚度 8.6cm，宽 92.0cm，标准节为 250cm，选用 8 号槽钢骨架和 6mm 的复合钢板作为面板加工。安装后底板顶面平整、光滑，底模顶面平整度不超过±3mm，顺直度不超过±3mm，底模安装时调整好预拱度。

（3）小车基础设计

施工前进行地表整平压实，承载小车基础处理为 20cm 灰土＋20cm 灰土＋30cm 混凝土。处理完的地基承载力不小于 200kPa，基础宽度 1.2m。空载小车基础处理为素土夯实后做 10cm 混凝土基础，小车基础设计图见图 6-15。

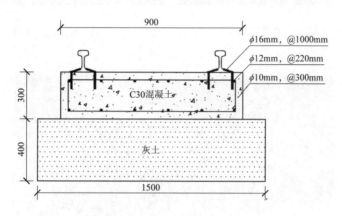

图 6-15　小车基础设计图

（4）小车返回

每两条生产线中间设置一条返回轨道，小车载梁从浇筑区移至存梁区将梁提走后，小车从生产轨道横移至返回轨道，然后空载移至浇筑区，采用两台桁架门式起重机提至浇筑工位，其返回轨道示意图见图 6-16。

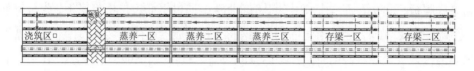

图 6-16　小车返回示意图

2）液压模板设计

箱梁预制厂采用液压模板系统，现场安装调试可见图 6-17 及图 6-18，面板用 5＋1 复合钢板，不锈钢为 304 级，模板在工厂内加工成型，纵向最大节段 6m，减少了模板拼缝，提高箱梁外观质量；模板进场后，按分节组装成整体，纵向位置固定于地面，每套模板配置 8 套顶升油缸，通过操作液压控制系统实现液压侧模同步开合动作。

内模采用分段整体抽拉式液压内模，见图 6-19，30m 箱梁使用万能钢模的结构形式分段两端加工，每段 15m。配套设计拆模台车，在拆装台车上配置液压系统，通过拆装液压台车快速拆除、复位内模，施工效率高、降低人工成本。

图 6-17　液压外模安装调试图　　　　图 6-18　液压外模

图 6-19　整体抽拔式内模及内模拆装台车

3）钢筋工程

箱梁底腹板、顶板钢筋绑扎采用专用钢筋胎架，通过钢筋定位槽将底板、腹板钢筋精确定位，提高工作效率，保证箱梁施工质量。钢筋绑扎完成后整体吊装入模，钢筋胎架绑扎及整体吊装过程减少了底座占用时间，提高预制效益。具体操作过程可见图 6-20～图 6-24。

图 6-20　底腹板钢筋绑扎　　　　图 6-21　顶板钢筋绑扎

图 6-22 钢筋整体吊装入模　　图 6-23 内模整体吊装入模

图 6-24 顶板钢筋整体吊装入模

4）混凝土工程

浇筑前，对支架、模板、钢筋、波纹管以及预埋件进行检查，预应力波纹管道穿衬管，混凝土浇筑初凝后、终凝前对衬管进行抽拉。

混凝土由厂内拌合站集中供应，通过桁架门式起重机＋料斗方式，采用一次性浇筑，浇筑顺序为：底板→腹板→顶板。混凝土采用斜向分层连续灌注工艺，分层厚度不大于30cm，采用附着式高频振动器和插入式振动器相结合的振捣方式，浇筑完成后对顶板进行二次收面及拉毛。

6.2.5 构件养护区

构件养护区位于 L 形厂区上侧中部，此位置夹于构件预制区和构件存放区之间，便于构件在预制区完成预制后送至此养护区进行小车的横移与构件的隔天养护；同时构件预制区又与构件存放区相邻，构件在养护区完成养护之后，此位置布局便于构件进入构件存放区进行存放，具体位置分布可见图 6-11。

构件养护区总体划分为三个区域,分别为小车横移区、蒸养一区和蒸养二区。此厂区共设置8条生产线并布置4条返回轨道,每2条生产线共用一条轨道;小车横移时,操作油缸下放横向轮组至横向轨道,底模纵向轮组脱离轨道2cm后进行横移,横移完成后再收起横移轮组,切换到纵移状态。构件养护区内小车横移区的主要任务就是完成小车的纵移与横移切换,以方便构件的场内运输。蒸养一区和蒸养二区的主要任务就是进行构件的养护;构件预制完成后,首先进入蒸养一区蒸养第一天,而后进入蒸养二区蒸养第二天,随后蒸养完成,构件随小车进入构件存放区存放。

构件在养护区养护采用的养护方法为高温蒸养养护,构件接入现有热力管道,蒸养棚内设置温度湿度传感器和雾化加湿系统,实现构件全自动养护。养护严格按照预养→升温→恒温→降温四个阶段进行养护施工,施工现场图可见图6-25及图6-26。

图6-25 运输至蒸养棚　　图6-26 进入蒸养棚养护

6.2.6 构件存放区

构件存放区位于L形厂区最东侧,具体布置可见图6-11L形厂区总体布置图。构件存放区与构件养护区相邻,如此布置方便了构件在养护区养护完成之后由小车运输至构件存放区进行吊装与存放。构件存放完成后,小车通过返回轨道返回至小车横移区完成横移纵移切换,而后进入构件预制区进行下一循环。

构件存放区的主要任务就是进行构件的张拉压浆与存放,此存放区总体可划分为张拉压浆区与存放区两个区域。构件存放区又可划分为张拉压浆存梁一区和张拉压浆存梁二区。每条存放区配置1台ME60t+60t/38m龙门式起重机提梁,龙门道轨采用43轨,存梁区每条长度为112m,按两层存梁,存梁能力为150片,存梁基础采用条形基础,结构形式为40cm片石+10cm碎石+50cm钢筋混凝土。

张拉时,混凝土强度不低于设计强度的80%,弹性模量不低于28d弹性模量的80%方可张拉。项目蒸养3d后强度、弹性模量均符合规范要求,张拉以两端同时张拉,对称于构件截面的中轴线、上下左右均衡为原则,使用智能张拉设备,以应力为控制指标、伸长量误差作为校对指标;系统通过传感技术采集数据,实时将数据传输给系统主机进行分析判断,同时张拉设备(泵站)接收系统指令,实现张拉力及加载速度实时精确控制。

预应力筋张拉锚固后,孔道压浆应在张拉完成 48h 内完成。压浆顺序按先下层后上层的顺序进行压浆。孔道压浆应按技术规范、设计图纸,采用智能大循环压浆设备进行压浆。

6.3 安全文明施工保证体系及保证措施

6.3.1 安全施工体系

济微高速项目经理部本着"安全第一、预防为主、综合治理"的方针,将继续深入贯彻习近平总书记关于安全生产重要论述,严格落实各级领导部门关于安全生产文件精神,扎实开展安全生产月等活动,不断提高济微高速项目经理部安全生产管理水平,进一步压实济微高速项目经理部各级安全生产责任。

1)项目部积极贯彻上级下发的关于安全生产文件精神,通过每月召开安全生产会议的方式,积极传达"四位一体""双体系""安全生产大检查"等文件要求,并对项目安全管理工作中的重点任务及下一步打算进行分析、部署,加大安全投入,充分调动和发挥各方面的积极性,确保项目安全管理工作走在最前列(图 6-27)。

图 6-27 安全生产专题例会

2)严格落实"晨会"制度。根据《山东省企业安全生产"晨会"制度规范(试行)》文件要求,项目部严格落实"晨会"制度,安全总监、安全部负责人定期参加劳务单位班前教育,并创建"晨会"管理微信群,劳务单位每天通过拍视频、拍照片的方式上传"晨会"开展情况,对落实情况做到每天必查、留存资料,并将落实情况全项目公示。

3)扎实开展应急救援演练(图 6-28、图 6-29)。项目部及时开展各类现场应急救援演练及桌面演练,通过开展演练,验证事故应急预案的可执行性,提高了项目部现场处置突发事件的能力,确保一旦发生事故能有效地按照项目部预定的方案实施,迅速救助伤员,最大限度地减少事故伤害和降低财产损失。

4)引进科技、自主创新。引进三级智能断电配电箱、桁架门式起重机 AI 智能管控系统、全自动夹轨器等先进安全管控设备,自主创新专用人行通道、拼装式桥面临边防护、垫石浇筑平台、湿接缝专用冲孔钢板、减振标准气瓶小车等,保证项目施工安全落实,通过精心组织和严格管理,合同段在整个施工过程中未出现一起安全责任事故。

图 6-28 防台防汛现场演练

图 6-29 高处坠落桌面演练

6.3.2 安全施工保证措施

（1）进场人员上岗前必须接受安全教育，经考核合格后方可上岗。

（2）进场机械设备必须具有合格证且运转良好，操作人员必须持证上岗。

（3）必须配备专业电工，非电工人员不得进行电工作业。

（4）混凝土浇筑作业必须有专人指挥，所有人员按指令作业。

（5）进入施工现场必须佩戴安全帽，按要求佩戴安全防护用品。

（6）用电设备必须接地良好，电线不得破损裸露，电线必须架空，距离地面高度不小于 2m，操作用电设备人员必须佩戴绝缘手套，穿绝缘鞋。

（7）施工照明必须采用带灯罩的 LED 灯，禁止使用碘钨灯。

（8）起重吊装作业必须由专人负责指挥，严格执行"十不吊"，确保吊装作业安全。

（9）混凝土浇筑前必须做好模板的检查工作，确保模板加固良好，浇筑过程中不会出现倾覆、倒塌现象。

（10）下发技术交底时，必须同时下发安全交底，明确工序作业安全风险源和预防措施，现场要严格按照交底要求进行施工。

6.3.3 文明施工体系

文明施工代表一个公司的形象，项目部结合公司 ISO 9002 质量体系文件精神，在文明施工上下了一番功夫。在进入施工现场的施工便道上树立了门式宣传牌，树立了路桥的良好形象。工地施工现场内整洁有序，各种成品、半成品材料分组堆放，挂牌标志明显，全体人员挂牌上岗。各施工点、道路交叉口均设有不同的警示牌等。各施工现场做到了井然有序、有条不紊。项目部领导与各分部还签订了目标责任书，使文明施工成为奖惩评比的一个硬性指标，通过我们的努力，树立了文明施工的良好形象。

6.3.4 文明环保施工措施

（1）废料及弃渣不得随意堆放，必须运至指定地点集中处理，施工废水不得随意排放，严禁污染既有水系。

（2）施工期间应设置警示标识，防止其他人员进入施工现场，夜间施工应控制噪声避免影响周边居民。

（3）施工与地方该道路交叉部位必须设置明显的警示标志，同时降低施工车辆行驶速度，坚决避免交通事故。

（4）施工区域及利用地方道路必须做好洒水降尘工作。

（5）施工现场材料码放整齐，标示标牌齐全，展现良好的企业风貌。

6.4 工程标准化、信息化建设

6.4.1 厂站建设标准化

项目部按照标准化要求进行项目驻地建设、标准化实验室建设、厂站建设（图6-30～图6-32），全线共4处综合厂站，实行全封闭管理。

图6-30 济微高速项目部

图6-31 办公室

图6-32 标准化实验室

1）项目驻地及中心实验室

项目部驻地及中心实验室占地40亩，位于整个路线中间位置，采用装配式箱房，外置封闭式走廊和玻璃幕墙。

2）钢筋加工中心

钢筋加工中心四个分部分别设置，采用全封闭式钢结构棚，内置通道。功能分区设置明显标志标牌，厂棚四周挂安全宣传栏、设备操作规程等，可见图6-33。

图 6-33 钢筋加工中心

3）拌合站

项目部拌合站采用全封闭式钢棚，配备自动喷淋洒水系统和扬尘噪声监测系统联动，系统自动启动喷淋系统洒水降尘。项目部通过采用拌合站数据自动采集上传系统，可有效控制混凝土生产质量。该系统使用动态管理的方法进行过程自动跟踪观测，并将观测结果与计划值进行比对。若发现偏差，则进行纠偏，做到防患于未然，真正达到全面质量管理的要求，具体现场情况可见图6-34～图6-37。

图 6-34 拌合站

图 6-35 扬尘噪声监测

图 6-36　拌合站喷淋系统

图 6-37　装配化料仓隔墙

4）预制厂

预制箱梁施工使用液压侧模、可移动底盘、液压抽拔式内模、高温蒸养养护施工工艺，可见图 6-38～图 6-41。其中，移动底盘配备纵移和横移轮组可使小车自主返回，实现了预制箱梁施工的工厂化流水作业，提高了施工效率。

图 6-38　综合预制厂

图 6-39　液压抽拔式内模

图 6-40　移动底盘及液压侧模

图 6-41　预制箱梁养护

6.4.2　工程管理信息化

以统一平台、分级管控为原则，采用"互联网＋多项目生产经营管理"，实现对项目的进度及质量安全、人员、技术等的综合集成化管理，避免了项目部各职能部门信息割裂及信息孤岛的产生，达到对项目工程的有效、全过程管理，提高了工作效率，使项目迈向信息化管理。

1）实现不同模块数据的穿透

各使用部门都有相应权限对数据进行上传和下载，终端数据一次录入后各个模块间可互相调用、再加工，从而自动产生生产、经营、工程需要的各种数据和表单，提高了数据流转效率，保证了数据的有效性、及时性、真实性，软件平台进度板块操作界面可见图 6-42。

图 6-42　进度板块

2）施工人员实名制管理

使用联网身份认证设备进行身份证扫描、人脸比对、指纹比对，对进厂施工人员实名认证，进行进厂培训、三级交底以及工资的结算，操作界面见图 6-43。

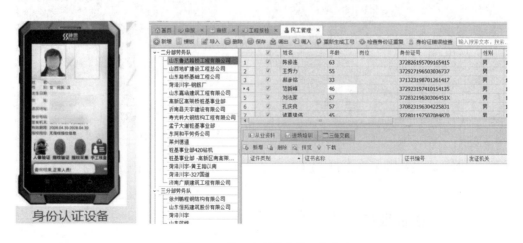

图 6-43　施工人员信息管理板块

3）项目部实验室引进先进信息化系统，在做试验的同时，数据自动同步上传数据库，通过处理分析、汇总，试验数据处理效率得到大幅提升。通过对力学实验室产生的压力机、万能机不合格数据进行试验数据的追踪溯源，可对试验材料进行分析。通过图形可以将实验室压力机、万能机的试验过程中使用的力和时间形成对比曲线，从图中可以了解现场试验的整个力值变化过程。

第 7 章
装配式构件生产流程

7.1 预制构件分类

本工程所用构件基本为预制厂预制，主要构件包括预制墩柱、预制盖梁、预制箱梁和预制 T 梁，具体预制工艺及其注意事项见下述章节。

7.2 墩柱

7.2.1 场地准备

预制厂占地约 17 亩，功能区划分有拌合站、钢筋半成品存放区、墩柱预制区、盖梁预制区、墩柱存放区、盖梁存放区等，其平面布置图可见图 7-1，预制厂配有两台龙门式起重机用于吊装工作。墩柱预制底部设有作业坑，深 0.95m，平面尺寸宽 1.724m × 长 13m，便于人工调整墩柱端部。

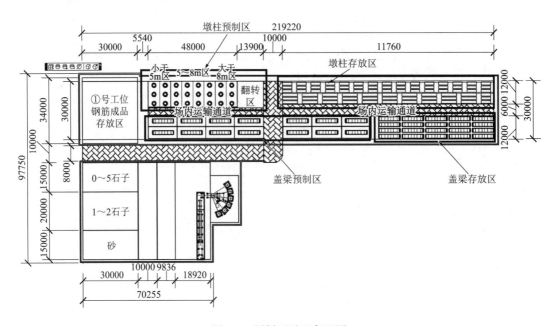

图 7-1 预制厂平面布置图

7.2.2 墩柱预制施工工艺

项目部桥梁墩柱采用预制墩柱，预制墩柱在预制厂预制，运至现场安装；预制桥墩采用圆柱式墩，直径140cm。预制桥墩端部设置小于柱径的连接部。在预制桥墩连接部为方便定位，设置楔形端部。

为确保墩柱预制质量，根据墩柱工艺特点，制定以下工艺流程，可见图7-2。

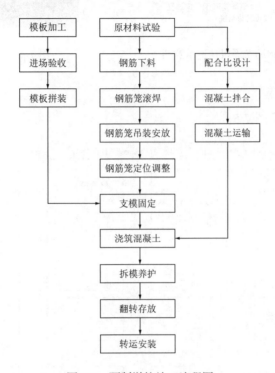

图7-2 预制墩柱施工流程图

7.2.3 钢筋工程

1）工艺手法

预制墩柱钢筋笼由主筋和箍筋焊接而成，目前国内钢筋笼成型工艺多采用长线放样、人工成型的施工工艺，该施工工艺机械化率低、成型质量不稳定、耗用大量人工。由于本项目预制盖梁与预制墩柱采用灌浆金属波纹管连接，对钢筋笼成型精度要求较高，人工成型的钢筋笼可能会给后期安装造成一定的困难。本项目根据实际情况在下部结构预制中采用钢筋笼滚焊机进行钢筋笼制作，滚焊机构造及现场可见图7-3及图7-4。

2）工作基本原理

该工法集主筋定位、盘圆调直、箍筋焊缠绕及二氧化碳保护、整体成型于一体，数控操作。人工将钢筋笼的主筋穿过固定旋转盘相应模板圆孔至移动旋转圆盘的相应孔中固定，把箍筋端头先焊接在一根主筋上，然后通过固定旋转盘转动把箍筋缠绕在主筋上（移动盘是一边旋转一边后移），同时进行焊接，从而形成成品钢筋笼。

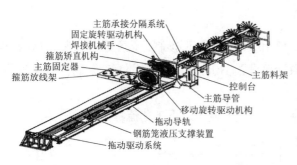

图 7-3 钢筋滚焊机构造示意图

图 7-4 钢筋滚焊机现场图

3）钢筋笼加工流程

钢筋笼加工流程见图 7-5。

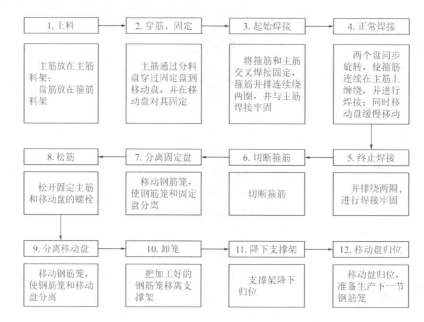

图 7-5 钢筋笼加工流程图

4）具体操作工艺

（1）滚焊机安装

①钢筋笼加工制作场地布置要充分考虑滚焊机的布置和各种原材料及成品的运输及存储，一般应划分四个部分：设备区；主筋原料存放区；箍筋存放区；成品钢筋笼堆放区。场地布置如图 7-6 所示。

②设备安装

根据滚焊机设备自重、施工荷载、地基等情况，平整场地，并铺设混凝土垫层。

滚焊机安装要确保平整度、安装稳固，以保证施工质量。

滚焊机检查及调试：根据钢筋笼设计数据调整设备运行参数。

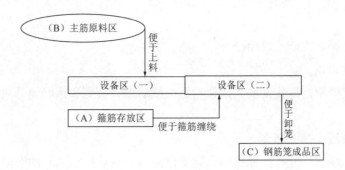

图 7-6　场地布置图

（2）上料

①主筋放在主筋料架上。主筋应已经加工（连接）完成，其长度、顺直度符合设计及规范要求，采用机械连接时，主筋端头应打磨平整，满足连接的要求。要做好首节、标准节和末节钢筋笼的标志，避免制作过程中混放。设计图纸中 N3 内圈加劲箍筋需在下半圈主筋就位后每隔 2m 安装一根，安装完 N3 加劲箍筋后再进行上半圈主筋上料，并进行主筋与内圈加劲箍筋之间的点焊加固。

②箍筋放在箍筋料架上。

穿主筋及固定：

将主筋编号并标识后穿过固定盘到移动盘，并在移动盘通过螺栓进行固定。起始节钢筋笼端头齐平，标准节和末节钢筋笼主筋要按设计和规范要求的尺寸错开端头。箍筋穿过夹具连接到主筋上。

箍筋端部和主筋焊接：

箍筋通过调直机在主筋端部上并排连续绕两圈，并与主筋焊接牢固（焊接采用二氧化碳保护焊，焊丝可采用 1mm 镀铜焊丝）。

连续旋转焊接：

固定盘、移动盘同步旋转，移动盘边旋转边后移，主筋同时做纵向和圆周两个方向运动，拖动箍筋在主筋上缠绕，形成螺旋箍筋，焊接工人在操作平台上对箍筋进行点焊，直到钢筋笼成形。

加劲箍筋和主筋焊接：

将加劲箍筋安设到钢筋笼内，将其与主筋点焊牢固，形成箍筋、加劲箍筋与主筋的全点焊连接。

终止焊接：

固定盘后预留的主筋长度达到要求时，将箍筋在主筋上并排连续绕两圈并焊接牢固，固定盘和移动盘停止旋转。

切断箍筋：

用人工点焊切断箍筋，完成一节钢筋笼的制作。

（3）分离固定盘

（4）松筋

将移动盘上固定主筋的螺栓松开。

（5）分离移动盘

抬升其他支撑架，拖住钢筋笼，移动盘继续后退，直到和钢筋笼分离即可停止移动移动盘。

（6）降下液压支撑及卸笼

用支撑架托住钢筋笼并下降到钢筋笼支撑平台，然后把加工好的钢筋笼推离支撑架。

（7）移动盘归位

移动盘前进归位，准备生产下一节钢筋笼。

（8）端部钢筋加工

设计图纸中预制桥墩墩底设置小于柱径的连接部，钢筋加工时采取模块化后装方式，端部小钢筋笼单独在专用胎架上加工成整体，待墩柱整体钢筋笼加工完成下架后，通过焊接方式与钢筋笼连接成整体，其预制墩柱端部钢筋大样图可见图7-7。

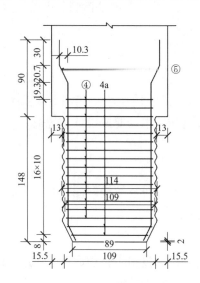

图7-7　预制墩柱端部钢筋大样图

在钢筋笼上每平方米设置与保护层厚度相符可旋转的4块圆形垫块，以保证桩墩柱主筋的混凝土净保护层厚度。

5）质量检验标准及质量控制

（1）滚焊机的安装质量直接影响设备的使用状态，因此，设备地坪的施工质量要符合设计要求，要确保水平、安装牢固。

（2）滚焊机要通过调试验收后才能使用，设备参数设定要符合钢筋笼的设计要求。

（3）原材料进场应按规范进行复检，合格后方可使用，确保原材料质量。

（4）钢筋的保护及储存必须保证其不受机械损伤及由于暴露于大气而产生锈蚀和表面破损，钢筋无有害缺陷。不同级别的钢材分别储存。

（5）钢筋接头焊接应符合《钢筋焊接及验收规程》JGJ 18—2012 的规定。钢筋机械连接接头应符合《钢筋机械连接技术规程》JGJ 107—2016 的规定。

（6）加强质量检查。钢筋笼卸笼后及时进行检查和验收，对不满足设计及规范要求的焊点进行补焊。

（7）固定操作人员，组织学习培训。按规定进行设备的维护保养，确保设备正常运行。

（8）主筋、箍筋的间距均匀，钢筋笼直径满足设计要求，加工钢筋的各设计要求见表7-1。

加工钢筋的检查项目　　　　　　　　　　　　　表 7-1

项次	检查项目	规定值或允许偏差/mm
1	受力钢筋顺长度向加工后的全长	±10
2	弯起钢筋各部分尺寸	±20
3	箍筋、螺旋筋各部分尺寸	±5

（9）成型后的钢筋笼应做好储存工作，防水、防锈蚀，以保证成型钢筋笼质量。

（10）成型后的钢筋笼按照墩柱编号进行挂牌标识。

6）钢筋笼吊装

墩柱钢筋笼吊装采用钢丝绳挂内侧加劲箍筋的方式起吊，吊点设置在钢筋笼 0.21L（L 为钢筋笼长）处。墩柱钢筋笼安装时采用立式就位的方法，故需先将平放的钢筋笼翻转过来。钢筋笼翻转时采用预制厂龙门式起重机主副钩配合的方式，钢筋笼先平行于龙门正下方平放，龙门式起重机副钩在钢筋笼底端侧挂钩，龙门式起重机主钩在钢筋笼顶端侧挂钩，吊装示意图可见图 7-8。

初步阶段龙门主副钩同步将钢筋笼吊离地面，离开地面 1.5m 后，龙门式起重机主钩继续抬升，龙门式起重机副钩缓慢下降，直至钢筋笼竖立起来后摘去龙门式起重机副钩，吊装示意图可见图 7-9。

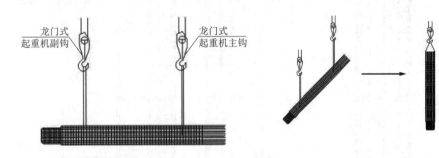

图 7-8　墩柱钢筋笼吊装示意图（一）　　图 7-9　墩柱钢筋笼吊装示意图（二）

为了避免钢筋笼产生冲击变形，起吊过程中，龙门式起重机操作应平稳、缓慢，避免起落钩时速度过快，并用钢管配合顶拖、底托对吊点的内侧加劲箍筋设置十字形支撑。

7）钢筋笼就位

钢筋笼由龙门式起重机吊运至相应工位，穿过底座上法兰盘预留孔初步就位。墩柱预制作业坑由砖砌支护，在坑壁提前定位弹出墩柱平面轴线并用红漆标识。钢筋笼初步就位后，通过测量坑壁上的定位线到钢筋笼主筋的距离进行精准定位。

7.2.4 模板工程

根据设计要求钢模板的加工精度很高，为确保模板的整体内外质量，特选定了一家技术工艺成熟、设备力量完善的模板专业加工企业，所用钢板厚度达到 8mm，要求模板拆拼方便、组合合理。模板对拉螺杆采用ϕ25PSB830 精轧带肋钢，钢模外表面进行抛丸喷砂喷漆。

1）墩柱模板设计

本工程所使用的墩柱模板由侧模、端模、定位底座、操作平台、行走系统及开合系统六个部分组成，各高度范围墩柱模板整体设计图见图 7-10～图 7-12。

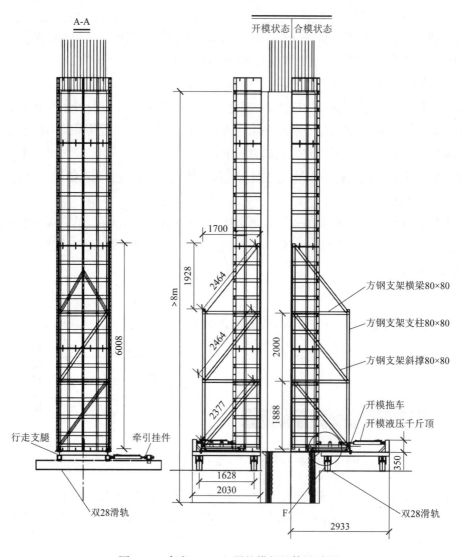

图 7-10 高度 8～12m 墩柱模板整体设计图

第7章 装配式构件生产流程

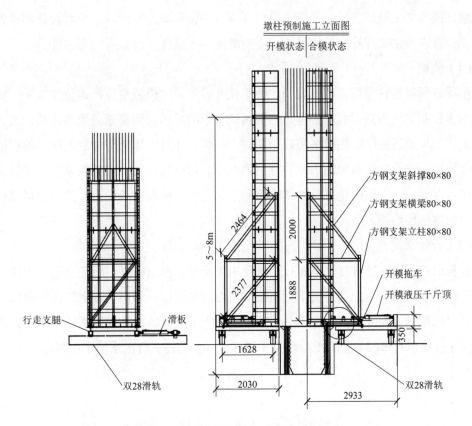

图 7-11　高度 5～8m 墩柱模板整体设计图

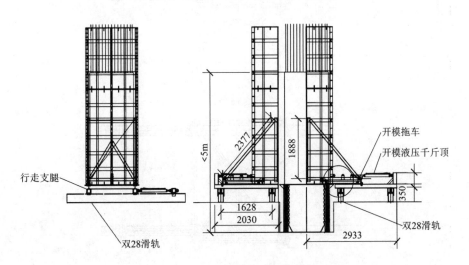

图 7-12　高度 2～5m 墩柱模板整体设计图

墩柱模板加工好后进场必须要按设计要求及质量标准进行验收，验收合格的模板才能使用。检查内容主要针对模板的尺寸、拼接缝隙、平整度、垂直度、光洁度。

（1）侧模

本项目预制墩柱模板工程具有集"模组化开合"及"模板整体行走就位"于一体的特点。由于预制墩柱为圆形截面，考虑施工场地有限的原因，侧模划分为两片式，大大提高了该工法的场地适应性。侧模拼装成两组独立模组，通过支撑架与油缸连接，使用油缸实现整组模板的开合。预制墩柱工位共有三列八行，每一行设置一套模板系统，模板通过行走系统可在完成一工位的施工后整体转移到下一工位。模板系统设有支撑架，可保证行走过程中的抗倾覆性能。

（2）行走系统

模板通过行走系统进行移动，行走系统由千斤顶、牵引挂件、行走支腿、限位、轨道及工字钢底盘组成。行走动力由千斤顶提供，通过牵引挂件利用轨道上的预留槽口行走，预留槽口间距为60cm一个。轨道由双肢[28]槽钢组成，轨道顶铺焊不锈钢板并抹黄油润滑。同一模板组行进时，两侧千斤顶需并联保证同步前进，行走系统平面图可见图7-13及图7-14。

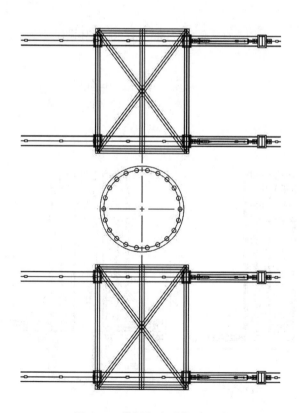

图7-13 模板行走系统平面图

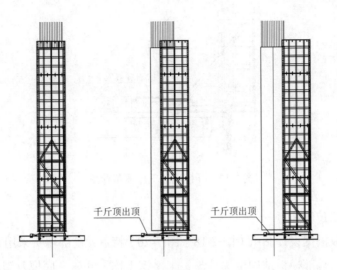

图 7-14 模板行进示意图

（3）开合系统

模板开合系统由千斤顶、开模拖车、反力架及模板支撑架组成，整个开合系统安装在行进底座上，模板开合模示意图见图 7-15～图 7-17。

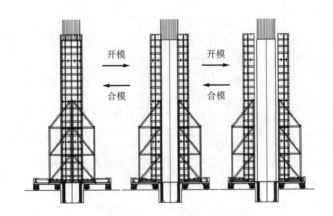

图 7-15 模板开合模示意图

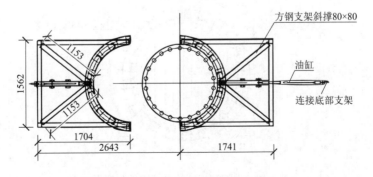

图 7-16 开模液压千斤顶平面布置图

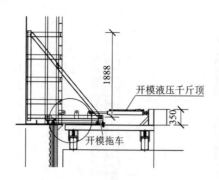

图 7-17 开模液压千斤顶布置图

（4）底模及定位底座

墩柱端部模板根据设计图纸（图 7-18～图 7-20）特点，楔部端头采用直径 114cm 塑料波纹管浇筑成形，端部模板结构由法兰盘、工字钢支撑、底座、底模及塑料波纹管组成。工字钢支撑设计有两道，外侧一道支撑在墩柱侧模板平面投影处，第二道支撑内边缘距离波纹管波谷处 5cm，可作为塑料波纹管侧模板的支撑，浇筑前用直径 5cm 的圆木楔填充波纹管与第二道支撑间的空间。法兰盘设有预留孔，墩柱伸出钢筋在相应位置设有橡胶套，在通过预留孔后橡胶套贴合在法兰盘上表面进行堵塞，防止浇筑时漏灰。

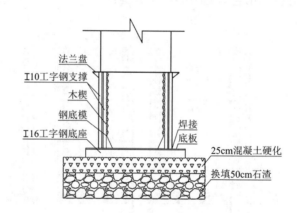

图 7-18 端部模板结构示意图

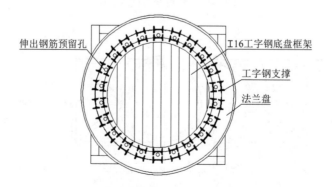

图 7-19 端部模板法兰盘及支撑位置示意图

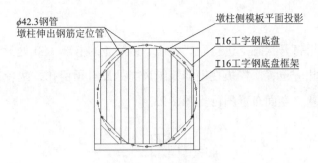

图 7-20 端部模板法兰盘及支撑位置示意图

（5）墩顶工作平台

工作平台直接套于墩柱模板顶部，通过墩柱模板横向背肋支撑，各示意图见图 7-21 及图 7-22。

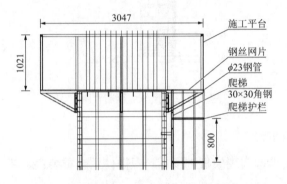

图 7-21 墩顶预制施工平台及爬梯示意图

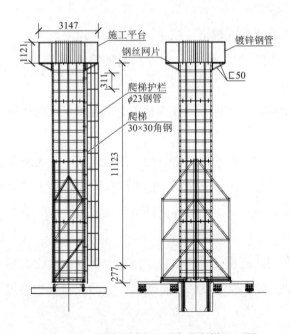

图 7-22 墩顶预制施工平台及爬梯立面图

（6）缆风绳

钢筋笼在模板组打开状态下进行立式就位，钢筋笼的上部 1/3L 处设置预埋吊耳，就位后由缆风绳固定在相应位置。模板在钢筋笼缆风绳处设有预留孔，两者互不干扰，合模后预留孔用发泡剂堵塞，立面布置图可见图 7-23。

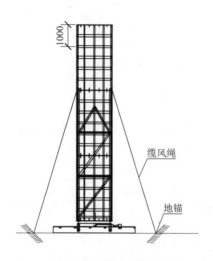

图 7-23　缆风绳立面布置图

本项目模板具有以下特点：

①"模组化开合"能够实现模板进场后，只需使用起重装置组装一次将零散单片模板组装成相应的模组，减少了大型机械的使用次数，极大地降低了机械投入、用工投入及人员频繁高处作业的安全隐患。

②侧模通过拼装组合成立式模组，减少了场地的占用率。

③"模组化开合"简化施工流程，减少频繁的模板拼装，极大地缩短了墩柱预制时间。

④"模板整体行走就位"避免了常规模板作业中起重装置的使用，消除了预制过程中吊装作业的危险源。

⑤"模组化开合"与"模板整体行走就位"结合使用，极大地降低了作业强度，能够更有效提高预制质量与效率；模板支撑架为刚性结构，在保证了抗倾覆性的基础上，较之以往常规的缆风绳加固方法，支撑架能够更好地保证预制墩柱的垂直度。

（7）墩柱模板安装

墩柱钢筋笼通过龙门式起重机吊装就位，钢筋笼垂直在定位底座上就位完成后，模板合模，模板通过液压油缸开合模。油缸行程 30cm，开合模过程中通过倒顶使模板到位，共倒顶 3 次。

本工程墩柱一次浇筑成型，模板在支撑架上拼装。模板用龙门式起重机吊装到位，拼缝内夹橡胶条密封，用全站仪控制模板垂直度，调整后用模板支撑架固定。模板加固完成后，对模板进行检查，做到平面位置准确，表面无污物、砂浆及其他杂物，表面平顺、接缝严密，垂直度及结构尺寸满足图纸及规范要求。

模板安装前应进行试拼，柱模在安装前应对轴线和柱位标高进行复核，经复核无误后才进行模板安装。

模板安装应做到线条顺直，接缝严密，不漏浆。为保证模板表面光滑，模板的脱模剂应做到品种统一、涂抹均匀，严禁将废机油作为脱模剂使用。

墩柱模板支立后，应能保证墩柱的设计尺寸及墩柱的竖向垂直度。为保证模板的竖向稳定性，在钢模外侧拉4根缆风绳将模板固定，以防浇筑混凝土时模板倾斜。

2）模板施工流程

（1）模板组装完毕后，开模状态下将钢筋笼吊装定位后，用缆风绳将钢筋笼固定好（图7-24）。

（2）模板闭合，浇筑混凝土（图7-25）。

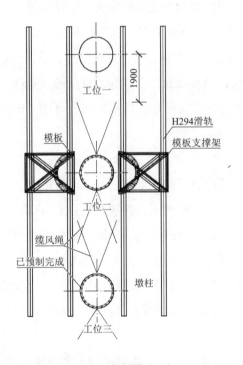

图7-24　施工流程图（一）

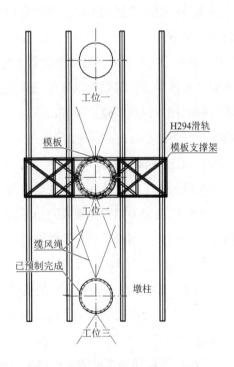

图7-25　施工流程图（二）

（3）混凝土达到拆模状态后，模板组打开，行走至下一工位后，重复上述步骤，即吊装钢筋笼→合模→浇筑。

模板安装的允许偏差见表7-2。

模板安装的允许偏差　　　　　　　　　　表 7-2

项目		允许偏差/mm
模板标高	墩台	±10
模板内部尺寸	墩台	±20
轴线偏位	墩台	10
模板相邻两板表面高低差		2
模板表面平整		5
预埋件中心线位置		3
预留孔洞中心线位置		10
预留孔洞截面内部尺寸		+10.0

7.2.5 脱模剂

脱模剂涂膜坚硬、光亮丰满、耐水耐磨、防锈防腐，特别适用于对模板的保护及混凝土外观质量要求严格的工程，综合效益好。该脱模剂具有优异的防腐、防锈功能，可确保模板置于室外或阴雨天而不生锈；有利于提高混凝土外观质量，尽显混凝土"本色"，达到"清水混凝土"的效果。成型的混凝土呈仿大理石状，平整光滑、颜色一致、手感细腻、有光泽、无污染，使混凝土制品外观质量上档次；剂膜表面光洁度好，自然形成瓷釉，易于脱模和清理，提高工效；耐磨，附着力好，可多次重复使用；适用广泛，可用于钢模、木模、竹模等。

1) 脱模剂施工操作规程

脱模剂施工前对基底处理的要求为无锈、无油、清洁、干燥、有一定粗糙度。

无锈：需要去除钢模板表面的浮锈、焊渣以及其他油漆，除锈时结合工地实际情况一般采用角磨机配钢丝球去除浮锈即可，原则上只需要处理一遍，锈蚀严重的可适当增加处理次数，但注意不要将表面处理得过于光滑，这样会影响脱模剂的周转次数。

无油：需要去除钢模板表面的机油、色拉油或其他油渍，除油可采用配套产品除油剂，也可采用去污力比较强的洗洁精，清洗的工具采用硬质地板刷，地板刷分小地板刷和横式地板刷。

清洁：涂刷脱模剂前需要保持模板的清洁，表面的一些浮尘可采用干海绵擦干净即可。

干燥：涂刷脱模剂前，需要保证模板表面的干燥。如果模板表面潮湿，会造成涂刷脱模剂后起泡以及表面没有光泽，影响混凝土表面的光洁度。

有一定的粗糙度：涂刷脱模剂最理想的条件是表面有一定均匀的粗糙度，这样可以增加脱模剂的周转次数。实践证明，表面的粗糙度是影响脱模剂周转次数非常重要的一个指标。如果模板表面过于光滑会严重影响脱模剂的附着力并进而相对容易脱落，如果有条件进行喷砂的话，可采用细砂喷出 15～25μm 的粗糙度。如是新模板表面比较光滑，可采用角磨机配砂轮片倾斜旋转画圈，以使模板有一些粗糙度。实践证明，处理后脱模剂的周转次数得到大大提高。也可采用盐酸进行酸蚀，以形成均匀的粗糙度，以大大提高附着力，进而提高脱模剂的周转次数。

2）脱模剂施工总结

脱模剂施工总结见表 7-3。

施工总结表　　　　　　　　　　　　表 7-3

序号	现象	原因分析	解决办法
1	使用一次脱模剂脱落	模板表面过于光亮	可适度做糙
		油未除干净	继续除油
		在原有脱模剂上刷漆	将第一遍脱掉
		脱模剂未完全实干	待其实干
		除油剂未清洗干净	清洗干净
2	剂膜不干	气温降低	添加催干剂
		模板上有其他杂质	去除杂质
		只刷催干剂	与脱模剂配合使用
3	剂膜表面粗糙无光泽	除锈后未清洗干净	清洗干净
		剂膜表干前落沙尘	做遮挡保护
		有杂质未清洗干净	清洗干净
4	混凝土粘在模板上（粘模）	脱模剂未干而使用	待其干燥
		混凝土未到养护期	到养护期
		振捣不当	按要求振捣

7.2.6　混凝土工程

预制墩柱、盖梁混凝土强度等级为 C40，预制墩柱采用立式浇筑工艺，高性能混凝土采用汽车泵配合串混凝土放料，插入式振动器振捣，一次性浇筑完成。

高性能混凝土按照技术指标：水泥选用品质稳定、强度等级不低于 P·O42.5 的硅酸盐水泥或普通硅酸盐水泥；粉煤灰、磨细矿渣粉等矿物掺合料符合《公路桥涵施工技术规范》JTG/T 3650—2020 中的要求；粗骨料选用粒径≤20mm，加工形式为反击破式，且针片状含量不大于6%，含泥量不大于1%，泥块含量不大于0.5%；细骨料采用Ⅱ区的中砂，含泥量不大于3%，泥块含量不大于1%，细度模数不低于2.5；采用高性能聚羧酸减水剂，减水率不小于25%；设计合理的级配并进行验证，满足自密实混凝土各项技术指标；拌合站严格按照规范，确保砂石称重计量误差在+2%，水泥、外加剂、掺合物称重计量误差在+1%，并保证搅拌时间不少于180s。

在预制厂内浇筑墩柱混凝土，通过混凝土罐车进行运输和一辆混凝土泵车进行立式浇捣。人员上下采用爬梯。混凝土浇筑拟采用橡胶导管浇筑方式，有效控制跌落高度在1~1.5m范围内，不允许超过2m的跌落高度，混凝土采用插入式振动器振捣。混凝土浇筑完毕后立即进行养护，养护时间不少于7d。

7.2.7 墩柱养护

混凝土浇筑完成后，应在收浆后尽快予以覆盖和洒水养护。在本工程立柱施工中，混凝土养护采用浇水和覆盖土工布结合的方式进行，混凝土养护用水应采用洁净的符合要求的水源。每天洒水次数以能保持混凝土表面经常处于湿润状态为度；混凝土强度达到2.5MPa前，不得使其承受行人、运输工具、模板、支架及脚手架等荷载。

7.2.8 墩柱运输与存储

1）墩柱养护完成后，垂直吊运至存放区，放置在墩柱翻转架上用抱箍锁死，如图7-26所示。

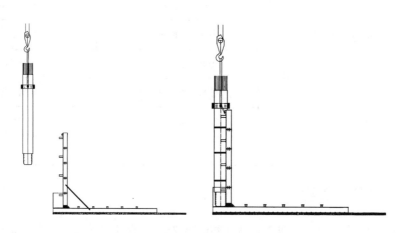

图7-26 墩柱翻转架施工图（一）

2）墩柱就位稳定后，解除翻转架限位装置，用龙门式起重机配合翻转架缓慢放平墩柱，如图7-27所示。

3）墩柱放平后，用龙门式起重机吊运至存储区（图7-28）。

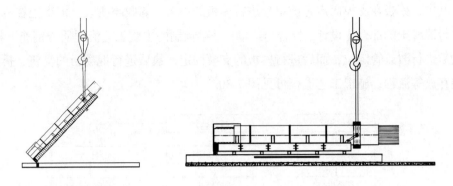

图 7-27 墩柱翻转架施工图（二）　　图 7-28 墩柱翻转架施工图（三）

由于设计图纸中墩柱端部有伸出钢筋且端部断面较小，立式存储存在倾覆隐患，故墩柱存储采取卧倒存放在存储台座上的方式，墩柱采用专用抱箍吊装。抱箍高 0.5m、壁厚 120mm，吊耳焊接采用坡口涵，详见图 7-29。

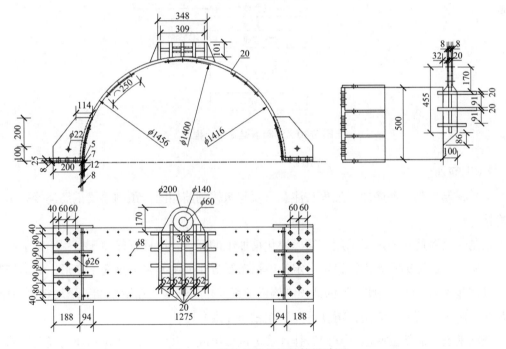

图 7-29 墩柱吊装抱箍结构设计图

7.3 盖梁

7.3.1 盖梁预制

1）盖梁预制施工工艺

盖梁预制的施工工艺整体可划分为三大工程，分别为模板工程、钢筋工程与混凝土工程。其中,模板在支模固定之前单独进行模板的加工、验收与拼装。混凝土在浇筑之前单独进行混凝土的配合比设计、拌合与运输。盖梁预制的主线工艺流程便为钢筋下料、绑扎、安放后进行波纹管定位,而后进行模板的支模固定,最后进行混凝土的浇筑、拆模养护与吊装存放等流程,施工工艺流程可见图7-30。

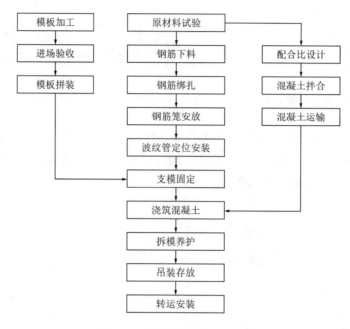

图 7-30　预制盖梁施工流程图

2）钢筋加工

盖梁钢筋切割、箍筋加工过程及注意事项与墩柱钢筋相同,预制盖梁钢筋连接采用电焊连接。

预制盖梁钢筋笼的加工采用钢筋模块化精加工的理念,墩柱钢筋笼于专用胎架上制作加工成型。为保证钢筋笼支撑稳定,定位体系布置应保证主要受力钢筋不变形,钢筋笼制作允许偏差为+2mm。因此,为保证预制构件的钢筋定位精度,在胎架端头增加定位钢板,该钢板采用车床精加工成型,精度可控制在±1mm内。

墩柱钢筋笼胎架由底座、支架、挂片及定位板组成。其中,支架包括伸出竖向钢筋定位板支架、中间主筋挂片架立支架、套筒端定位板支架。挂片包括上下缘主筋挂片、左右缘主筋挂片、下缘箍筋挂片及手持式箍筋卡尺。

盖梁钢筋笼拼装前,对其各个部件进行验收复测,尤其是钢筋端定位板、套筒端定位板及挂片的开孔开槽位置更需精确测量。拼装过程要求胎架底座安装水平,精度控制在+2mm内。各支架安装要求位置精确、状态垂直,精度控制在+2mm内。胎架安装完成后对各支架整体测量保证每个支架在同一条线上,防止主筋安装时产生弯扭。

按1:1比例放样出挂片位置,制作固定模具。在模具上依次摆好钢筋,钢筋之间点焊固定。对骨架挂片检查合格后开始施焊,纵向受力钢筋的焊接接头应相互错开。钢筋焊接接头连接区段长度为 $35d$(d 为钢筋直径)且不小于 500mm。

(1)钢筋加工流程

整个墩柱钢筋笼自钢筋加工完毕后,完全在胎架上完成加工绑扎。整个绑扎过程共分成 11 个步骤,不允许发生跳步加工,整个过程边加工边测量,确保每一步加工的精度得到控制。

步骤一:盖梁钢筋胎架组装完成后,安装盖梁钢筋固定端定位板及金属波纹管固定端。

步骤二:安装灌浆金属波纹管,一次性全部安装到位。

步骤三:安装上排 N1、N2 主筋。

步骤四:安装四道 N8、N9、N10、N11 箍筋。

步骤五:安装底排 N3 钢筋。

步骤六:安装顶排 N4、N5 主筋及 N6、N7 主筋。

步骤七:安装侧面 N12、N13 钢筋。

步骤八:安装波纹管及锚具。安装波纹管,精确调整波纹管位置,采用定位筋进行固定,定位筋间距不大于 50cm;曲线段定位筋适当加密。安装锚下加强钢筋。

步骤九:安装剩余钢筋。

步骤十:采用二氧化碳保护焊,将箍筋及侧面钢筋与主筋全部焊接到位。

步骤十一:其他辅助装置安装,包括吊点预埋孔、保护层垫块、局部加强措施的安装。盖梁钢筋笼吊装吊耳为多点预制吊环,吊耳为盖梁箍筋,吊耳间距 2000mm。

(2)局部加强措施

在钢筋笼的绑扎过程中,钢筋与金属波纹管的紧固是关键控制点,采取必要的措施确保其牢固非常重要。针对这种情况,绑扎过程中采取了两种措施:

①增设定位钢筋顶住橡胶止浆圈,严格按照设计图纸要求,制作圆圈定位钢筋,设置在波纹管顶部、中部及底部三个位置。定位钢筋尺寸误差在 ±2mm 内,金属波纹管严格按照图纸要求绑扎在定位钢筋上,图纸要求见图 7-31。

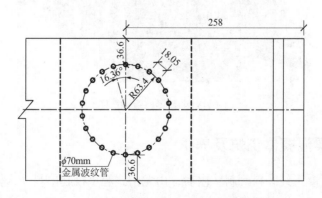

图 7-31 金属波纹管定位钢筋示意图

②增加拉结筋连接主筋与定位钢筋。

3）钢筋笼吊装

盖梁钢筋笼吊装采用专用吊架及吊索具（链条锁）。盖梁钢筋笼吊架采用链条锁挂上缘箍筋的方式起吊，吊架立面设计图见图7-32。

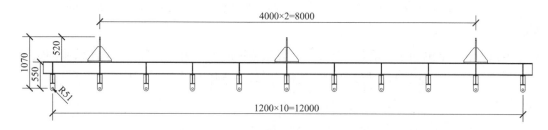

图7-32 专用吊架立面设计图

7.3.2 盖梁模板安装

模板安装顺序为：清理底模→吊装钢筋骨架→安装端模→安装侧模→安装对拉杆及调整线形。

钢筋骨架安装到位后，检查骨架及波纹管，无误后开始模板安装。模板安装采用龙门式起重机起吊，人工配合进行安装。模板拼缝处用双面胶粘贴，双面胶表面应不褶皱、无遗漏，保证浇筑时不漏浆。盖梁模板采用"边模包底模"的形式在模板支架上拼装，支架由工字钢加工而成（图7-33）。底模在支架上固定好，一侧的侧模安装就位后进行临时固定，再安装另一侧，依次安装对拉杆。通过松紧顶部对拉杆，调整盖梁顶口尺寸。

图7-33 盖梁模板构造图

7.3.3 盖梁混凝体浇筑及养护

盖梁浇筑时混凝土经卸料到料斗内后，由龙门式起重机起吊料斗入模。

盖梁混凝土浇筑时采用"分层浇筑，逐级推进"的浇筑工艺。首先浇筑灌浆波纹金属管位置，待盖梁底部浇平之后，改为从两端向中间浇筑。

盖梁混凝土振捣采用插入式振动器，振捣过程应避免振动器触碰波纹管。为保证波纹管畅通，浇筑过程中在波纹管内穿入塑料芯管。半灌浆套筒及锚垫板四周应加强振捣，保证混凝土振捣密实。

盖梁混凝土浇筑完成后，进行收面压光。为了保证表面不出现收缩裂缝，在混凝土初凝前进行二次收面。终凝之后覆盖土工布，洒水养护。混凝土强度达到 2.5MPa 后方可拆模，采用喷淋养护，养护时间不少于 7d。盖梁养护期间进行支座垫石浇筑。

7.3.4 盖梁吊装与存储

1）盖梁吊装

浇筑完成的盖梁采用吊点预埋孔配合钢棒进行吊装作业，钢棒直径 100mm，端头设置螺母用于吊装钢丝绳限位，吊装示意图见图 7-34。

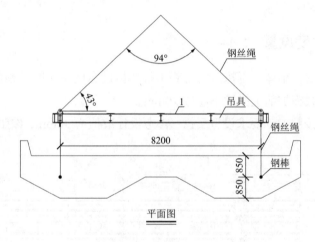

图 7-34 盖梁吊装示意图

2）盖梁存储

盖梁存储区硬化后，采用下垫方木的形式集中存放，每个存储位最多存储 2 层，上下盖梁之间用方木垫离，严禁超限存储，存储示意图见图 7-35。

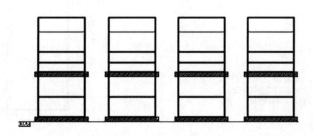

图 7-35 盖梁存储示意图

7.4 箱梁

7.4.1 预制厂总体布置

本梁厂设计不同于传统预制厂，采用了一种可移动底盘施工工艺，实现了预制梁施工的流水作业。其中，移动底盘及液压模板设计详情可见本章关于构件预制区的介绍。

预制厂位于主线 K48+000 右侧 200m，占地 44.6 亩。厂区呈 L 形布置，分为钢筋成品存放区、浇筑区、蒸养（一）（二）（三）区、存梁（一）（二）区四大功能区，其中钢筋区和浇筑区大棚全覆盖，三个蒸养区每片梁均单独设置一个蒸养棚。

其中浇筑区位置模板固定，不再从一个台座移至下一个台座，而是让底盘从预制区到存梁区移动。该底盘为完成一个施工周期又返回至浇筑区的机械化移动底盘，使用此工艺减少了梁厂占地面积，同时也减少了底盘投入，平面布置图见图 7-36。箱梁预制厂断面布置见图 7-37～图 7-39。

7.4.2 预拱度设置

预应力张拉以后，梁体中部拱起，存在上挠。因此台座施工时需预设反拱值，根据设计图纸要求二期恒载施加前上拱度不超过 20mm。

30m 台座加工按照设计要求设置反拱，参考设计取值为 30mm，按照二次抛物线过渡。

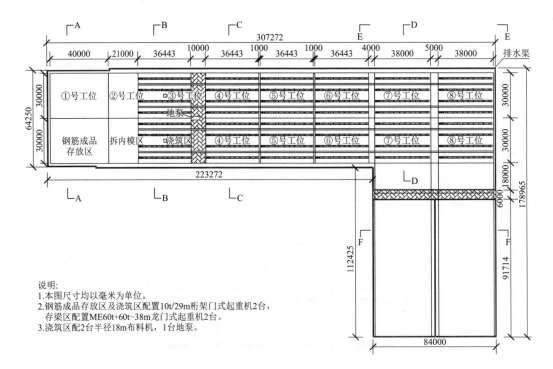

图 7-36 箱梁预制厂平面布置图

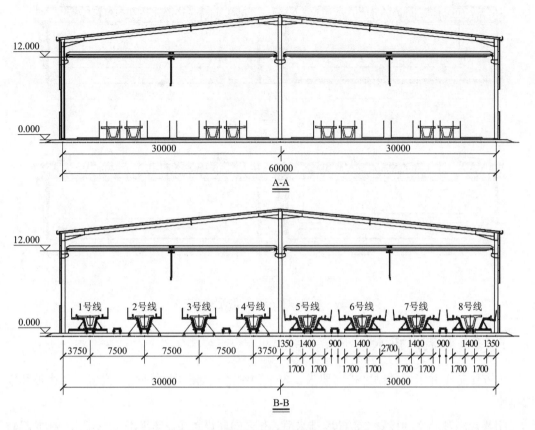

图 7-37 箱梁预制厂断面布置图（一）

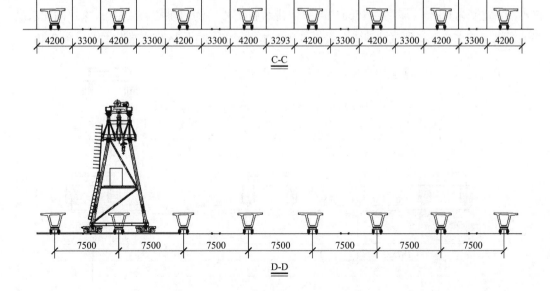

图 7-38 箱梁预制厂断面布置图（二）

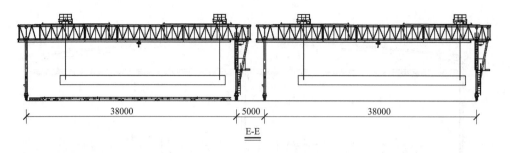

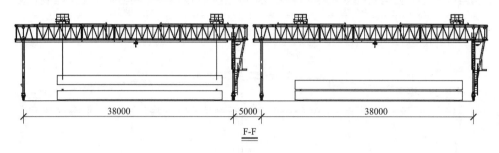

图 7-39　箱梁预制厂断面布置图（三）

7.4.3　预制厂排水

为方便施工并考虑预制区排水要求，整个预制区全部混凝土硬化，设置 2% 横坡和纵坡排水。

相邻台座基础之间设置 2% 横坡排水后，顺梁向亦设置了 2% 纵坡进行排水，在龙门轨道基础上预埋 PVC 管过水孔，轨道外 1m 设置排水沟，排水沟深 50cm、宽 40cm。必要时，水井用水泵抽水。排水系统必须定时派专人清理，保持畅通，不积水。

台座之间设置纵向集水槽，宽度为 15cm、深度为 10cm。大龙门式起重机基础顶设置横向排水沟，宽度为 60cm、深度为 15cm，与纵向排水后交叉，形成网状排水系统。梁厂内积水最终通过纵向排水沟汇集到沉淀池中，经过处理的水循环利用，厂区排水横断面图见图 7-40。

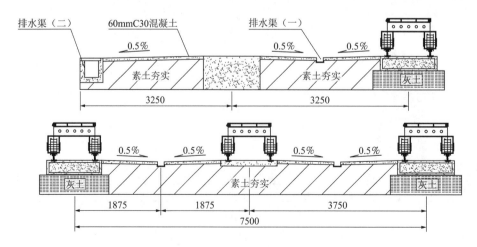

图 7-40　厂区排水横断面图

7.4.4 施工工艺流程

箱梁施工工艺流程见图 7-41。

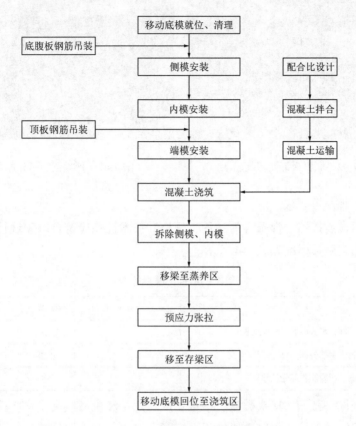

图 7-41 箱梁施工工艺流程图

7.4.5 主要施工方案及工艺

1）钢筋工程

（1）钢筋存放和提示

钢筋在加工前、后应按种类存放，不混淆。在切割、弯曲和加工后贴上标签，使钢筋在整个加工过程及以后施工中易被判别和处理。

钢筋下料、弯曲均在封闭式钢筋加工棚内进行，主要设备均采用数控加工设备，钢筋半成品分类规范堆放。存放过程中，下垫高度不小于30cm，防止钢筋和地面直接接触，钢筋不受腐蚀及其他物质的污染。

（2）钢筋制作

钢筋加工和安装应严格按照施工规范和图纸设计要求施工。

钢筋调直、连接、切断、弯曲均采用机械加工，加工好的半成品分类挂牌存放。钢筋在加工厂集中加工，根据图纸设计底腹板和顶板钢筋，钢筋均在胎架绑扎成型，以便控制钢筋的间距、数量，现场施工图可见图7-42及图7-43。

图7-42 底腹板钢筋绑扎胎架

图7-43 顶板钢筋绑扎胎架

（3）钢筋工程质量要求

①钢筋、机械连接器、焊条等的品种、规格和技术性能应符合国家现行标准规定和设计要求，钢筋加工质量标准如表7-4所示。

箱梁钢筋加工质量标准　　　　　　　　　　　　　　　　　表7-4

项目	允许偏差/mm
受力钢筋顺长度方向加工后的全长	±10
弯起钢筋各部分尺寸	±20
箍筋、螺旋筋各部分尺寸	±5

②受力钢筋同一截面的接头数量、搭接长度、焊接和机械接头质量应符合施工技术规范要求。同一根钢筋在接头长度区段内不得有两个接头，对于焊接接头，其接头的截面面积占总截面面积的百分率不大于50%（表7-5）。

箱梁接头长度区段内受力钢筋接头面积的最大百分率　　　　表7-5

接头形式	接头面积最大百分率/%	
	受拉区	受压区
主钢筋绑扎接头	25	50
主钢筋焊接接头	50	不限制

③受力钢筋应平直，表面不得有裂纹及其他损伤。

④垫块位置摆放正确，交错安排，以确保混凝土保护层达到设计规定的厚度，不小于3个/m^2，箱梁净保护层为30mm。

⑤钢筋绑扎呈梅花形，线结间距不超过60cm；扎丝应埋在垫层里并和钢筋紧紧连接在一起。

⑥绑扎好的钢筋呈现刚性框架，安装精确，不允许移动。

⑦加强焊接试验，现场取样。

⑧焊接工人必须经过专业培训,持证上岗。所有焊缝必须保证其焊接长度,无夹灰、漏焊、虚焊现象,焊缝饱满。

⑨钢筋安装和清理完成后,在自检合格后,请监理工程师检查。在检查中,不合格的材料以及有缺陷的材料应立即修整或替换(表7-6)。

箱梁钢筋安装检查项目　　　　　　　　表7-6

项次	检查项目			允许偏差/mm	检查方法
1	受力钢筋间距	两排以上排距		±5	每构件检查2个断面用尺量
		同排	梁、板、拱肋	±10	
			基础、锚碇、墩台、柱	±20	
2	箍筋、横向水平钢筋、螺旋筋间距			±10	每构件检查5~10个间距
3	钢筋骨架尺寸	长		±10	按骨架总数30%抽查
		宽、高或直径		±5	
4	弯起钢筋位置			±20	每骨架抽查30%
5	保护层厚度	柱、梁、拱肋		±5	每构件沿模板周边检查8处
		基础、墩、台		±10	
		板		±3	

(4)钢筋安装

绑扎完成的底腹板钢筋及顶板钢筋均采用吊具整体吊装入模,吊装见图7-44。

图7-44　钢筋吊装

2)波纹管安装

预应力波纹管内径55mm的塑料波纹管,其壁厚、直径偏差应符合《预应力混凝土桥梁用塑料波纹管》JT/T 529—2016的要求。

30m预制箱梁共计有10束预应力钢束,在箱梁两侧对称布置,编号为N1~N5。根据设计图纸要求进行预应力波纹管的定位，确保预应力波纹管定位准确。根据预应力曲线要素，在箱梁底座每隔 1m 进行标记，并标注每束波纹管起弯点的位置，预应力管道位置按设计坐标每 40cm（曲线段）或 80cm（直线段）用"#"架绑扎牢固，并与箱梁骨架钢筋焊接。预应力波纹管定位后应及时进行检查，偏差应符合表 7-7 的要求。

箱梁后张法实测项目　　　　　　　　　　表 7-7

项次	检查项目		规定值或允许偏差	检查方法	权值
1	管道坐标/mm	梁长方向	±30	用尺量：抽查 30 每束查 10 个点	2
		梁高方向	±10		
2	管道间距/mm	同排	10	用尺量：抽查30%，每束查 5 个点	1
		上下层	10		

3）模板设计

（1）模板配置说明

箱梁预制厂采用液压模板系统，根据桥梁结构特点，桥梁左右幅各 4 片箱梁，梁厂设置 8 条生产线、8 套模板，其中内、外边梁各 2 套，中梁模板 4 套，均采用液压模板系统。

（2）侧模设计

面板用 5＋1 复合钢板，不锈钢为 304 级，背楞采用[10]槽钢，间距为 30cm；竖向采用双肢[12.6]槽钢，间距为 150cm；模板在工厂内加工成型，组装分为 9 节（2m×4 节＋3.75m×2 节＋4.5m×4 节＋1.5m×1 节），每节模板栓接为整体（图 7-46）。

侧模板进场后，按分节组装成整体，纵向位置固定于地面，每套模板配置 16 台拆模油缸和 16 台横移油缸，每侧 8 台，操作拆模油缸可使模板绕着底边旋转，操作横移油缸使模板横向开合，侧模液压系统图见图 7-45。

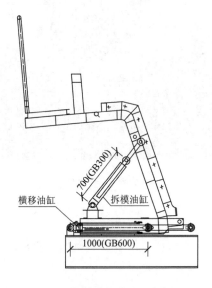

图 7-45　侧模液压系统图

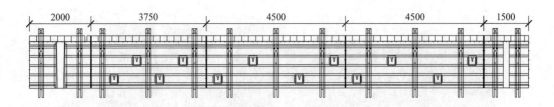

图 7-46 侧模分节示意图

所有油缸设置液压锁、同步阀,设置行程开关;模板开合设置线控遥控器,遥控器可控制折模油缸和横移油缸同步操作,控制箱内设置独立操作按钮。

(3)内模设计

为方便施工,内模用万能钢模的结构形式分段加工,现场组拼成形,面板采用 8mm 钢板,背楞内用[10]槽钢,经焊接后作横向支撑,内模设计图见图 7-47。

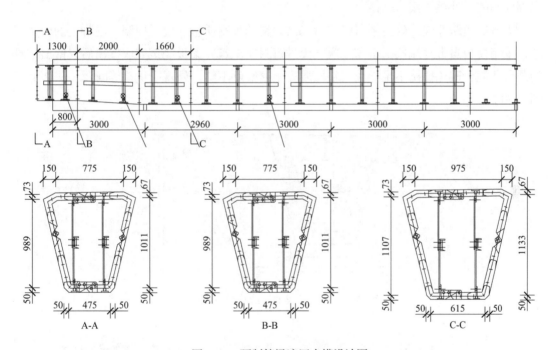

图 7-47 预制箱梁液压内模设计图

内模配套设计拆模台车,在拆装台车上配置液压系统,工作时将该系统的油管与内模上设置的液压管道相连接,操控液压系统,让收缩的模板张开复位重新组装,组装好的内模采用龙门式起重机整体吊装到位,等待使用。箱梁混凝土浇筑完成,达到预期强度以后就可进行内模拆除,拆除时再次把内模油管系统和拆装台车上的液压装置连接,操控系统,收缩模板。模板收缩完成后,将模板和拆装台车上的卷扬机连接,开启卷扬机,将内模拖至拆装台上,然后再次复位组装完成一个施工工期,现场施工图见图 7-48。

图 7-48　内模拆除示意图

（4）箱梁端模板

端模定型的钢模板，锚垫板位置定位准确、牢固，并注意安装角度与钢束相垂直。端模板采用厚度 12mm 的钢板和 ∟100mm×100mm×8mm 角钢加工成刚度大的框架结构。用螺栓和内、外模栓接为一体。

为解决边跨非连续端封锚段张拉后二次封锚的外观质量、线形控制、混凝土的密实问题，采用模板自带封端段，不需二次立模进行封锚浇筑，梁板浇筑完成拆模后仅留出锚具的预留孔洞，避免振捣不足导致封端段混凝土密实度不够、外观质量差等问题（图 7-49、图 7-50）。

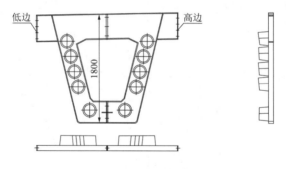

图 7-49　预制箱梁非连续端模板设计图

图 7-50　预制箱梁非连续端封锚示意图

4）吊梁孔

吊梁孔宽度为25cm，设置单块模板，通过螺栓和两侧底模连接，为控制起吊后吊点顶部产生较大负弯矩，30m箱梁吊点位置控制在距梁端1.1m以内（图7-51）。

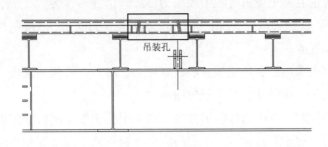

图7-51　吊梁孔预留位置图

5）模板安装

安装侧模前再次对底板进行检查，清除杂物，检查保护层垫块等符合要求后进行侧模、内模安装。

（1）侧模

侧模安装前清理表面的锈迹、污质，清理后涂刷脱模剂，并检查模板的接缝情况，保证模板接缝处平整、无错台，接缝处可用原子灰进行填缝处理，保证接缝处不漏浆。

开启横向千斤顶液压油泵，回油收顶将模板靠向底座，将侧模贴近底模板，使模板底与底座顶面齐平。调整好侧模位置后安装底盘上的丝杆拉紧侧模，撑好侧模丝杠。

（2）内模

侧模安装完成后，安装内模板，内模采用10t桁架门式起重机分两段吊装入模，内模安装表面应平整、顺直，保护层厚度、轴向偏位满足规范要求。为防止内模上浮，在内模底与底盘之间设置对拉连接，间距3m一道，在梁体对应位置预留通气孔。

（3）堵头板

堵头板安装前应将锚垫板通过螺栓安装在堵头板上，且与管道轴线垂直，注意锚垫板的规格符合设计要求，并注意锚垫板压浆口位置。压浆口位置应在上方，为防止压浆口堵塞，安装前沿锚垫板四周粘贴厚度不小于5mm的双面胶。

堵头板安装后，复核堵头板的安装角度、位置，进行梁长的复核。调整端头波纹管，将波纹管套入锚垫板套筒内，接头处缠绕胶带防止漏浆，并调整螺旋筋位置；将螺旋筋紧贴锚垫板位置，并安装锚下加强筋，锚下加强钢筋设置3层网片，采用Φ12mm钢筋，层与层间距10cm。

6）混凝土浇筑

以上工序完成后报监理工程师验收，混凝土浇筑前还应严格检查伸缩缝、护栏、泄水孔、支座以及吊装预留孔等附属设施的预埋件是否齐全，确定无误后方可进行浇筑。

（1）混凝土由场内拌合站集中供应，通过地泵送入布料机入模。

（2）在浇筑之前必须进行配合比及规定的预备试验，并经监理工程师书面批准，施工时严格按配合比进行。

（3）浇筑前，测量组要进行复测，质检工程师对支架、模板、钢筋、波纹管以及预埋件进行检查，为防止混凝土浇筑过程中预应力波纹管道变形、漏浆，浇筑混凝土前应穿衬管，衬管直径以小于波纹管内径 5mm 为宜；混凝土浇筑初凝后、终凝前对衬管进行抽拉活动，防止漏浆堵塞管道。

（4）箱梁混凝土采用一次性浇筑，浇筑顺序为：底板→腹板→顶板。混凝土采用斜向分层连续灌注的工艺，分层厚度不大于 30cm。

（5）混凝土灌注时，应严格控制坍落度，以免混凝土发生离析或泌水等现象。混凝土入模时下料要均匀，防止下料太集中，层厚太大，避免冲击波纹管和造成振捣困难，导致梁体混凝土产生蜂窝、麻面等缺陷。

（6）梁体混凝土灌注时采用附着式高频振动器和插入式振动器相结合的振捣方式，振动时间应保证能获得足够的密实度（以混凝土不再下沉，不冒气泡，表面开始泛浆为度）。操作插入式振动器时宜快插慢拔。振动棒移动距离应不超过振动棒作用半径的 1.5 倍，确保混凝土均匀密实。浇筑时，注意振捣棒不得碰撞模板及波纹管。附着式高频振动器（图 7-52），安装在侧模板背楞上，每侧间隔 3m 设置 1 台，位于腹板 70cm 处。

图 7-52 附着式振动器示意图

为防止混凝土浇筑过程中箱梁内模上浮，应设置底模对拉螺栓，一端通过钢板拉住内模底面，另一端通过设置扁担梁拉在底盘上。扁担梁采用双肢[15]槽钢，内模每 3m 设置 1 道防上浮对拉装置。

（7）为使桥面铺装混凝土与箱梁紧密结合成整体，预制箱梁时顶层必须拉毛，采用垂直于跨径方向划槽，槽深 2~4mm，横贯桥面，每延米桥长不少于 10~15 道。

（8）在梁体混凝土的强度达到 2.5MPa 且梁体表面温度与环境之差<25℃时方可拆模，气温发生急剧下降时，不得拆模。

（9）箱梁预制完成后，应切实保证梁体混凝土达到内实外光、尺寸合格、棱角分明的效果。

(10) 混凝土浇筑过程中进行同期试件的制作，主要用于判断现场预应力混凝土结构和构件强度，试件应分别进行现场同期养护和实验室同环境、同条件养护，试件数量不少于6组。

7) 模板拆除与维修保养

应在混凝土强度能保证混凝土表面及棱角不致因拆模而受损坏时方可拆除模板，一般在混凝土抗压强度达到 2.5MPa 后方可拆除内模及侧模。模板拆除后，特别要注意对成品混凝土的保护。

模板脱模后，开启移动小车，将梁体移至蒸养区，清理模板表面的混凝土残渣、杂物。

8) 预应力张拉施工

主要技术要求：预应力钢束采用ϕ^s15.2mm 高强低松弛钢绞线，钢束采用两端张拉，张拉采用双控，锚下控制应力为 $0.75f_{pk}$；张拉时箱梁混凝土强度必须达到设计强度的 85%，且养护时间不低于7d 以上方可张拉，张拉采用智能张拉设备。

(1) 钢绞线检验

钢绞线进场必须有生产厂家合格证明，并在监理工程师认可的实验室做力学性能及弹性模量试验，以所做试验数据作为施工依据。钢绞线应放在棚内，堆放离地面50cm，以免受潮锈蚀。施工期间外露钢绞线采取遮盖措施，保证钢绞线不被锈蚀和污染。

(2) 下料与编束

钢绞线下料用砂轮锯切断并使切面与轴线垂直，以便张拉时检查断丝。下料长度严格按照设计要求，并根据千斤顶实际长度，注意调整工作长度，最小长度满足设计要求。钢绞线编束时自一端开始向另一端梳理使其平顺松紧一致，自端头开始每间隔1m用20号钢丝绑扎一道，全长绑扎完成编束，预应力束中的钢绞线表面不应有损伤，不得沾有油污和泥渣。钢绞线端部可包裹，以防将波纹管刺破。对编好的钢束逐一进行编号，挂牌分别存放以免出错。钢束不能互相挤压，以防将钢绞线损伤或压扁钢束。

(3) 钢束定位穿束

波纹管的连接：接头处要锯齐、磨平、不破裂、不变形。将两接头首先对在一起检查是否平齐，然后用内径高一规格的长 20cm 的波纹管作为接头套管旋在接头处；在接缝处用宽4cm 的白胶布缠3 圈，然后再加缠1层透明胶带。严格控制钢绞线下料、存放时间，及时下料、及时穿束，防止锈蚀。

①张拉顺序

预应力钢束以两端同时张拉，对称于构件截面的中轴线、上下左右均衡为原则，主梁正弯矩钢束预应力顺序为：N1→N3→N5→N2→N4。

②张拉程序

$0 \rightarrow 0.15\sigma_{con}$（初应力测量延伸量）$\rightarrow 0.30\sigma_{con}$（测量延伸量）$\rightarrow 0.60\sigma_{con} \rightarrow \sigma_{con}$（测量延伸量）$\rightarrow$锚固（持荷 5min）。单根钢绞线的控制应力为1395MPa，单束钢绞线控制力为 $K =$

1395MPa × 140mm² × 5根(每束钢绞线相应的根数) = 976.5kN，按照设计要求锚下损失力按3%计算，每级张拉控制力计算如下：

初应力 $15\%\sigma_{con} = K \times 15\%$，$30\%\sigma_{con} = K \times 30\%$，控制应力$\sigma_{con} = K$。

根据每级张拉控制力和千斤顶校核报告回归方程计算出每级张拉控制力的油表读数。

③预应力张拉实际伸长量计算

张拉过程中认真记录张拉数据，计算伸长量与理论值对比，如伸长量与计算伸长量之差大于规定值，应停止张拉查明原因后再继续施工。

实测伸长量按$\Delta_L = \Delta_{L1} + \Delta_{L2}$计算（$\Delta_{L1}$为从初应力至最大张拉应力间的实测伸长值，$\Delta_{L2}$为初应力以下的推算伸长值），将实测引伸量与设计伸长量相比较，实测伸长量与设计伸长量差值应在±6%之内；否则，应查明原因并采取相应措施进行处理后方可继续张拉。

后张法预应力张拉实际伸长量Δ_L的计算方法：

$$\Delta_L = \Delta_{L1} + \Delta_{L2} - C$$

式中：Δ_{L1}——从$15\%\sigma_{con} \sim 100\%\sigma_{con}$张拉应力间的实测伸长值（cm）；

Δ_{L2}——初应力时的推算伸长值（cm），为$15\%\sigma_{con} \sim 30\%\sigma_{con}$之间实测伸长值的差值；

C——工作锚锚塞回缩量。该回缩量量测方法为张拉完毕卸掉千斤顶后，在工作锚处测量工作锚夹片在锚杯处的外露长度C_2；当预应力钢绞线由很多单根钢绞线组成时应每根量测，取其平均值，一般至少测量3处；千斤顶限位板凹槽深度已知为C_1，则工作锚锚塞回缩量$C = C_1 - C_2$。工作锚锚塞回缩量除与锚具硬度等有关外，还与钢绞线直径有关，工作锚锚塞回缩量大小与钢绞线直径大小呈反比。

后张法实测项目见表7-8。

后张法实测项目 表7-8

项次	检查项目		规定值或允许偏差	检查方法
1	张拉应力值		符合设计要求	查油压表读数：全部
2	张拉伸长率		符合设计规定，无设计规定时±6%	尺量：全部
3	断丝滑丝数	钢束	每束一丝，且每断面不超过钢束总数的1%	目测：每束

④理论伸长量计算

预应力实施前应进行理论钢绞线伸长量的复核计算，当预应力筋为多曲线组成的曲线预应力筋或由直线与曲线混合组成的预应力筋时，其伸长量分段计算，然后叠加。计算公式为：

$$\Delta L = \frac{P_{sl}L}{A_y E_y (KL + \mu\theta)}$$

$$P_{sl} = P[1 - e^{-(KL+\mu\theta)}]$$

式中：ΔL——后张法预应力筋伸长值（m）；

　　　P_{sl}——摩擦引起的预应力损失（N）；

　　　P——预应力筋张拉端的张拉力（N）；

　　　μ——预应力筋与管道壁的摩擦系数；

　　　θ——从张拉端至计算截面曲线管道部分切线的夹角之和（rad）；

　　　K——管道每米局部偏差对摩擦的影响系数；

　　　L——从张拉端至计算截面的管道长度（m）；

　　　A_y——预应力筋截面积（mm^2）；

　　　E_y——预应力筋弹性模量（MPa）。

计算所用参数（单束钢绞线）：

钢绞线采用$\phi^s = 15.2mm$，标准强度$f_{pk} = 1860MPa$，弹性模$E_p = 197000MPa$（实测平均值，详见检测报告 2018-GJ-0103-01），钢绞线的截面积$A_p = 140mm^2$。

张拉控制应力$\delta_k = 0.75 f_{pk} = 0.75 \times 1860 = 1395MPa$；

管道摩擦系数$\mu = 0.155$，管道偏差系数$K = 0.0015$；

$P = A_p \times \delta_k = 1395MPa \times 140mm^2 = 195.3kN$。

智能张拉操作：

桥梁预应力张拉智能控制系统主要组成部分有：智能张拉系统平台；智能张拉仪；专用千斤顶；设备无线连接；高压油管。

预应力智能张拉系统指一种预应力自动张拉设备及其计算机控制系统。其以应力为控制指标，伸长量误差作为校对指标，通过传感技术采集数据，实时将数据传输给系统主机进行分析判断，同时张拉设备（泵站）接收系统指令，实现张拉力及加载速度实时精确控制。

（4）工艺流程图

张拉工艺流程图见图 7-53。

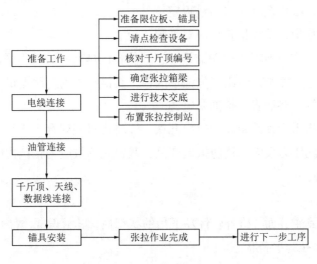

图 7-53　张拉工艺流程图

（5）准备工作

①准备与张拉系统能配套使用的限位板、锚具、夹片、电脑（预装 Windows7 操作系统，自带无线网络适配器）、三相电缆、太阳伞等，必须准备齐全。

②对照张拉系统清单清点设备，确定设备完好、配件齐全。

③核对专用千斤顶的编号。由于专用千斤顶都在出厂前统一标定，使用前要经国家授权的法定计量机构定期对千斤顶进行标定，计算时注意对应正确的标定公式。

④千斤顶使用过程有下列情况时应重新进行标定：使用时间超过 6 个月；张拉次数超过 300 次；使用过程中千斤顶或压力表出现异常情况；千斤顶检修或更换配件后。

⑤确定好待张拉的箱梁。

⑥进行技术交底，学习熟悉系统软件说明文件。

⑦布置张拉控制站。控制站选择在张拉箱梁侧面，要求不影响现场施工、控制站能安全工作、无阳光直射，在张拉过程中无需移动就能方便看到箱梁的两端，能连接到 220V 电源以保证电脑张拉过程中不掉电，取消电脑的屏幕保护、自动关闭硬盘等功能，安装好控制软件。将张拉仪主机和专用千斤顶布置于张拉端，并使其能与控制站保持直线可视状态。

（6）电线连接

由专业电工连接好三相电源（连接三根火线），接申箱时，一般数字 2、4、6 位置代表火线，字母 N 代表零线。不应该剪断或拆除接线插头，连接电线以后，用试电笔检查电源是否正常。严禁带电状态下作电线连接操作。

（7）张拉设备安装

在张拉作业之前，相关技术人员和监理人员对构件进行检验，其检验结果符合质量标准要求后方可进行张拉。平台系统经监理单位审核批准后，张拉控制系统才能启动。根据此设备的使用说明及要求，现场施工作业人员开始收编穿索、穿索、安装千斤顶（工作锚及夹片）等施工程序，具体安装程序如下：

①安装限位板，限位板有止口与锚板定位。

②安装专用千斤顶，千斤顶止口应对准限位板。

③安装工具锚，应与前端张拉端锚具对正，使孔位排列一致，不得使钢绞线在千斤顶的穿心孔发生交叉，以免张拉时出现失锚事故，工具锚夹片均匀涂退锚灵。

④连千斤顶油管，接油表，接油泵电源。

⑤开动油泵，将千斤顶活塞来回打出几次，以排出可能残存于千斤顶缸体中的空气。与千斤顶配套使用的压力表应选用防振型产品，其最大读数应为张拉力的 1.5～2.0 倍，标定精度不低于 1.0 级。

（8）智能张拉

①控制软件回到主界面，检查软件左下角的状态栏，显示正常，右上角的"张拉梁号"正确，"第 1 次"张拉为准备状态。

②再次检查确定箱梁的两端千斤顶安装正确，然后启动箱梁两端设备（按下绿色"油

泵启动"按钮），电机运转声音正常、平顺。仪器进行 5min 预热；温度低于 10℃时，进行 15～30min 预热。

③通知箱梁两边工作人员，注意安全。点击控制软件的"开始张拉"按键，"第 1 次张拉施工"启动，此时密切注意电脑上的观测压力值和位移值是否正常，有异常立即点击"暂停张拉"并进行相关检查。电脑在张拉施工过程中严禁运行其他程序，操作人员时刻关注相关数值，严禁离开控制台。

④在张拉过程中应密切注意梁板两端设备和千斤顶的工作情况，注意安全。如有异常情况立即单击"暂停张拉"、按下张拉仪"急停指示"按钮，停止张拉。排除异常情况后，方可继续张拉。

⑤每一束张拉完成后，设备自动退顶，保存数据并自动跳到下一个张拉步骤。在下一个张拉步骤开始前，计算机操作人员应再次检查锚具、千斤顶、限位板是否正确嵌套，数据连接线是否松动、被挤压，千斤顶是否压迫粗钢筋等。安装、移动千斤顶采用专门的吊架，吊架安装电动葫芦进行千斤顶的安装、移动。

⑥张拉完毕

整片箱梁张拉施工完成后依次关闭软件、电机、切断电源，拆卸千斤顶、油管。张拉系统所有设备在张拉完毕以后必须妥善保管，仪器、千斤顶都必须有良好的防晒、防水措施。定期维护，在油量不足情况下应及时加注符合要求的抗磨液压油，每三个月更换一次液压油。

智能张拉设备示意图见图 7-54。

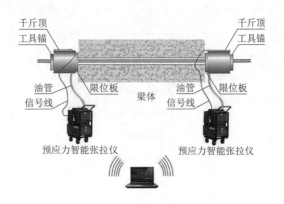

图 7-54　智能张拉设备示意图

9）压浆

预应力筋张拉锚固后，孔道压浆应在张拉完成 48h 内完成。按先下层后上层的顺序进行压浆。孔道压浆应按技术规范、设计图纸，采用智能大循环压浆设备进行压浆。

（1）压浆原理

智能压浆系统由系统主机、测控系统、循环压浆系统组成。浆液在由预应力管道、制浆机、压浆泵组成的回路内持续循环以排净管道内空气，及时发现管道堵塞等情况，并通过加大压力进行冲孔，排出杂质，消除导致压浆不密实的因素。

在管道进出浆口分别设置精密传感器实时监测压力,并实时反馈给系统主机进行分析判断,测控系统根据主机指令进行压力调整,保证预应力管道在施工技术规范要求的浆液质量、压力大小、稳压时间等重要指标约束下完成压浆过程,确保压浆饱满和密实。

主机判断管道充盈的依据为进出浆口压力差在一定时间内是否保持恒定。

在预应力混凝土张拉完成后,采用快硬砂浆或快硬水泥对端头预应力筋与锚具间缝隙进行封堵,同时布置施工设备及机具。准备工作完成后,启动压浆系统进行压浆作业。

(2)浆液要求

①浆液所用水泥为P·O52.5级普通硅酸盐水泥,生产厂家为微山山水水泥有限公司,浆液试配强度应≥50MPa。

②水泥颗粒要细,必要时要过筛,使用新鲜水泥,严禁使用有结块的水泥,以保证能顺利地压入管道。

③浆液采用水泥和专用压浆剂配合拌制,压浆剂掺量为10%,水胶比为0.28,配合比为:压浆剂:水泥:水 = 1:9:2.8,24h自由泌水率为0,初凝时间为9小时34分,终凝时间为10小时46分。浆液技术指标应符合表7-9的要求。

箱梁后张法预应力孔道压浆浆液性能指标　　　　表7-9

项目		性能指标
水胶比		0.26~0.28
凝结时间/h	初凝	≥5
	终凝	≤24
流动度(25℃)/s	初始流动度	10~17
	30min流动度	10~20
	60min流动度	10~25
泌水率/%	24h泌水率	0
	3h钢丝间泌水率	0
压力泌水率/%	0.22MPa(孔道垂直高度≤1.8m时)	≤2.0
	0.36MPa(孔道垂直高度>1.8m时)	
自由膨胀率/%	3h	0~2
	24h	0~3
充盈度		合格
抗压强度/MPa	3d	≥20
	7d	≥40
	28d	≥50
抗折强度/MPa	3d	≥5
	7d	≥6
	28d	≥10

（3）施工工艺

①工艺流程图

压浆工艺流程见图7-55。

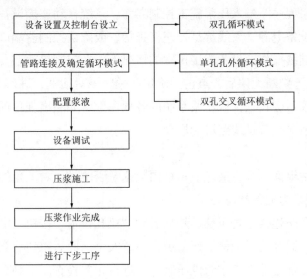

图 7-55　压浆工艺流程图

②设备放置与控制台的设立

预应力智能压浆台车宜放置在待压浆预应力管道的注浆端，距离不宜过远，以减短进浆、返浆管的长度，控制台设置在离智能压浆台车5～50m的范围内。

③单孔孔外循环模式

对于长度大于30m的预制梁或其他较长的预应力管道，宜采用单孔孔外循环压浆模式，连接方式如图7-56所示：进浆管、返浆管、进浆嘴通过三通连接，并在进浆嘴与返浆管上安装阀门，同时在预应力管道另外一端的出浆口安装出浆嘴及阀门。

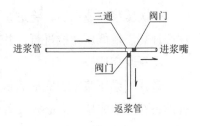

图 7-56　压浆循环图

④配制浆液

根据规范要求，桥梁预应力管道灌浆用浆液的水胶比应为0.26～0.28，其初始流动度应大于10～17s，30min后的流动度应不大于20s。预应力智能压浆台车高速制浆机转速为1420r/min，可适应制备低水胶比浆液。为更好地保证浆体质量，本项目采用成品压浆剂。高速制浆桶每次可制备3～5包压浆剂（每包压浆剂质量为50kg）；制备浆液时，应先在制浆桶内加入量好的水，然后加入压浆料，再开启搅拌机进行搅拌；水泥加入过程中应缓慢，以免水泥成团，搅拌不开。最后一包压浆剂加入以后搅拌时间不宜超过5min，而后可开启制浆机阀门，浆液自流至低速搅拌桶内，同时开启低速搅拌桶开始低速搅拌。如因低速搅拌桶内存有较多浆液，高速搅拌桶内浆液暂时不能放入低速搅拌桶内时，高速制浆机应每隔3～5min开启搅拌30s左右，以免浆液沉淀分层。高速搅拌桶内浆液的储存时间不应超过30min。

⑤设备调试

设备调试过程中,要求确保设备电源已经接通,启动笔记本电脑,完成软件安装、连接等工作。

单击"启动压浆程序"进入压浆施工控制界面,系统自动连接设备。如果设备连接不正常,请仔细检查设备电源、天线等是否连接正常,或确认控制器端口是否连接正常,必须排除故障后才可继续操作。设备连接正常的情况下,在控制界面上会显示"压浆设备连接成功""参数确认"判断无误后,点击"确定"关闭该对话框,进入下一步操作。

连接成功后,仪器会自动读取压浆系统的各项参数,如果出现各项参数长时间保持不动或是明显不对的情况,就是线路可能松动。

⑥压浆施工

控制软件回到主界面,检查液晶显示框内数据是否跳动,右上角的"压浆梁号"是否正确,"第1次"压浆为准备状态。

再次检查确定管路连接是否正确,然后启动"梁孔挤水"按钮,电磁阀启动,电机运转声音正常、平顺。通知箱梁两侧工作人员,注意安全。而后密切注意电脑上压力值和流量值是否正常,有异常立即点击"暂停压浆"并进行相关检查。电脑在压浆施工过程中严禁运行其他程序,操作人员时刻关注相关数值,严禁离开控制台。

在压浆过程中应密切注意智能压浆设备工作情况,注意安全。如有异常情况立即单击"暂停压浆"、按下智能压浆台车"急停"按钮,停止压浆。排除异常情况后,方可继续压浆。

每一次压浆完成后,设备自动溢流,保存数据并自动跳到下一个压浆步骤,在下一个压浆步骤开始前,计算机操作人员应再次检查仪器是否正常等。

一次压浆完成以后,将进浆管与返浆管对接,点击"清洗设备"进行管路冲洗,冲洗宜选择高流量低压力档进行,并直至返浆口与溢流口均流出清水5min以上为止。

⑦压浆完毕

整片箱梁压浆施工完成后依次关闭软件、电机、切断电源,拆下高压管。压浆系统所有设备在压浆完毕以后必须妥善保管,有良好的防晒、防水措施。

⑧压浆技术要求

a.水泥浆强度不小于50MPa,浆液饱满,现场至少能保证一根钢束的管道用浆量(一般至少为管道体积的1.5倍),禁止边加料、边搅拌、边压浆。压浆过程及压浆后2d内气温低于5℃时,在无可靠保温措施下禁止压浆作业。温度大于35℃时不得拌合或压浆,为保证钢绞线束全部充浆,进浆口应予封闭;在水泥浆凝固前,所有塞子、盖子或气门均不得移动或打开,水泥浆强度达到40MPa时,箱梁方可吊装。

b.采用真空辅助压浆工艺时,真空泵应能达到0.01MPa的负压力,浆液自拌制完成至压入孔道的延续时间不宜超过40min,且在使用前和压注过程中应连续搅拌,对因延迟使用所致流动度降低的水泥浆,不得通过额外加水增加其流动度。

c.对于水平或曲线孔道,压浆的压力宜为0.5~0.7MPa,压浆的充盈度达到孔道另一端饱满且排气孔排出与规定流动度相同的水泥浆为止，关闭出浆口后，保持一个不小于 0.5MPa 的稳压期，该稳压期的保持时间宜为 3～5min。

d.压浆时，每一工作班组应制作至少留取 3 组尺寸为 40mm×40mm×160mm 的试件，标准养护 28d 进行抗压强度和抗折强度试验，作为质量评定的依据。

e.孔道压浆应及时填写施工记录，记录项目应包括：压浆材料、配合比、压浆日期、搅拌时间、出机初始流动度、浆液温度、环境温度、稳压压力及时间；采用真空辅助压浆工艺时还应包括真空度。

7.4.6 箱梁养护

预制箱梁所用的混凝土采用高温蒸养的方式。

总体布置：箱梁养护采用蒸汽养护方式，设置 3 道蒸养工位，每片梁设置单独蒸养棚，每个工位蒸养 1d，采用专用的蒸汽养护机进行蒸汽养护。

蒸养参数设置和控制：严格按照蒸养制度的预养→升温→恒温→降温四个阶段进行养护施工。

（1）预养期：预养时间一般为 3～6h，可用"临界初始结构强度"和"最佳预养期"确定。具体最佳预养期可通过理论计算并结合实际的试验数据来确定。应控制养护罩内温度在 15℃，相对湿度为 100%。温控参数为温度。

（2）升温期：升温期的主要控制参数是升温速度。严禁温度急速上升，因为这样会使混凝土表面膨胀过快，产生裂缝隐患。采用分段升温方案：开始升温速率为 5℃/h，然后恒温 1～3h，再以 8℃/h 的速率快速升温至 36℃。温控参数为温升速率和温度。

（3）恒温期：以 36℃的温度恒温，控制恒温温度波动在 36℃±2℃。温控参数为温度。

（4）降温期：降温期的关键是确定适当的降温速度，在保证减少降温期结构损伤的同时，尽量缩短养护周期。本设计为保证梁养护质量，降温速率为 10℃/h。控制降温速率在 10℃/h 以下。温控参数为降温速率。

养护期间棚内悬挂温度计，专人负责养护温度的记录，恒温期间 2h 检查 1 次。

7.4.7 箱梁起吊与存放

1）箱梁起吊

箱梁的起吊和前移采用一台 ME60t+60t/38m 龙门式起重机完成。用两根ϕ50mm 钢丝绳兜于梁的底部，钢丝绳与梁接触部位设置包角垫，保护梁体混凝土在梁的吊运过程中不致破损。由于边梁外侧翼缘板宽度大于内侧，直接吊装会产生不平衡力，所以需要在外侧翼缘板预留吊装孔，保证两侧钢丝绳对称穿过梁体，防止吊装时发生倾覆。

2）箱梁存放

预制好的箱梁存放在经过处理的条形基础上，存放时应按照吊装顺序编号存放，箱梁存放不宜超过两层，层与层之间应设置枕木，箱梁起吊存放图见图 7-57。

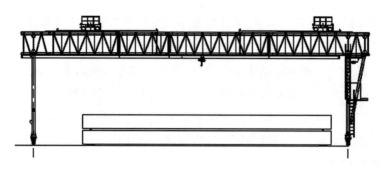

图 7-57 箱梁起吊存放图

7.5 T 梁

7.5.1 施工工艺

底模制作→胎架上制作 T 梁骨架钢筋→钢筋骨架整体吊装至台座上→安装定位波纹管→安装侧模板→安装顶板钢筋并定位波纹管→混凝土浇筑→养护→拆除侧模→张拉、压浆→移梁，施工流程图见图 7-58。

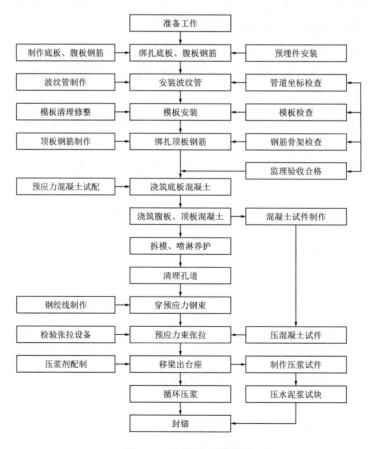

图 7-58 T 梁施工流程图

1）台座受力计算

台座的荷载种类、数量、重量一览表见表7-10。

荷载种类、数量、重量一览表 表7-10

荷载种类	数量	单项重量/kN
梁片模板	1套	50
梁片（最大）	1片	200
台座及基础	1座	200
台座钢板	1套	1.4
台座槽钢	1套	0.18
总计		451.58

（1）台座受力验算

荷载：$F = 451.58$ kN

线形荷载：$q = 451.58/17 = 26.56$ kN/m

C30混凝土弹性模量 $E = 3.0 \times 10^4$ MPa

C30混凝土抗压强度为30MPa

台座及基础 $I = 7.05 \times 10^{-3}$ m^4，中性轴距离基础底 0.19m

$W_{顶} = I/y_{max1} = 7.05 \times 10^{-3}/0.27 = 26.11 \times 10^{-3}$ m^3

$W_{底} = I/y_{max2} = 7.05 \times 10^{-3}/0.19 = 37.1 \times 10^{-3}$ m^3

查《路桥施工计算手册》得：$M_1 = 0.08 f_1 = 0.677$

最大弯矩：$M = M_1 q l^2 = 0.08 \times 26.56 \times 8.5^2 = 153516.8$ N·m

台座顶抗压强度：$\sigma = M/W_{顶} = 5.88$ MPa < 30 MPa，满足要求。

C30混凝土承受最大拉应力为：$1.43 \times 10^6 \times 0.19 \times 1.8 = 0.49 \times 10^6$ N，需配筋承受应力 $F' = 1.35 \times 10^6 - 0.49 \times 10^6 = 0.86 \times 10^6$ N。配筋采用直径12mm带肋钢筋24根，分两层设置，每层12根，钢筋截面面积合计27.144cm^2，设计抗拉强度340MPa，承受拉应力 $340 \times 10^6 \times 27.144 \times 10^{-4} = 0.92 \times 10^6$ N $> 0.86 \times 10^6$ N，满足要求。

$f = 0.677 q l^4/100 EI = 0.677 \times 26.56 \times 11^4/(100 \times 3.0 \times 10^4 \times 7.05 \times 10^{-3}) = 1.25$ mm $< 13000/400 = 32.5$ mm，刚度满足要求。

（2）梁片张拉后两端台座受力验算

根据设计文件，16m的T梁控制张拉力N1钢束为1367.1kN，N2钢束为1562.4kN，N1钢束与水平方向夹角为4.99°、N5钢束与水平向夹角为1.27°。按照全部张拉完成后，梁片两端受力最大，则梁端最大受力为：

$F = 1367.1 \times \sin 4.99° \times 4 + 1562.4 \times \sin 1.27° = 153.54$ kN

最小地基受力面积 $A = 3 \times 0.4 = 1.2 \text{m}^2$

现场静力触探试验测得地基承载力为 0.4MPa

153.54/1.2 = 0.13MPa<0.4MPa，地基不会下沉，满足要求。

2）排水系统

排水沟采用 50cm×50cm 砖砌排水沟，沉淀池设置于存梁区与 T 梁预制区交界位置，沉淀池长×宽×高=4m×3m×1m。所有排水沟排水均交汇于沉淀池内经沉淀后再排放，排水沟沉淀池断面图见图 7-59。

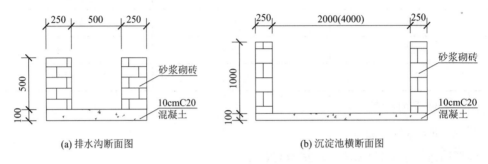

图 7-59 排水沟沉淀池断面图

7.5.2 钢筋工程

1）钢筋存放和标示

钢筋在加工前、后的存放应按种类存放，不混淆。在切割、弯曲和加工后贴上标签，使钢筋在整个加工过程及以后施工中易判别和处理。

钢筋下料、弯曲均在封闭式钢筋加工棚内进行，主要设备均采用数控加工设备，钢筋半成品分类规范堆放，在存放过程中，下垫高度不小于 30cm，防止钢筋和地面直接接触，钢筋不受腐蚀及其他物质的污染。

2）钢筋制作安装

钢筋加工和安装应严格按照施工规范和图纸设计要求施工。

（1）制作

钢筋调直、连接、切断、弯曲均采用机械加工，加工好的半成品分类挂牌存放。钢筋在加工厂集中加工，在胎架绑扎成型，专用吊具整体吊装入模。钢筋骨架的主筋间距和箍筋间距均由角钢按照图纸设计间距均匀打眼来安装，间距控制达到规范要求。

（2）根据设计图纸进行钢筋绑扎，在专用的钢筋胎架上进行绑扎，以便控制钢筋的间距、数量。绑扎首先绑扎底板钢筋，而后腹板钢筋，绑扎完成后由专用吊具整体吊装入模，吊点为纵桥向均布 6 个，最端头 2 个吊点距离钢筋骨架端部 50cm，中间安装内膜后，再绑扎顶板钢筋。

（3）端横梁、中横梁按照图纸尺寸下料，绑扎在提前制作好的胎架上完成。

3）钢筋工程质量要求

（1）钢筋、焊条等的品种、规格和技术性能应符合国家现行标准规定和设计要求，钢筋加工质量标准如表 7-11 所示。

T 梁钢筋加工质量标准　　　　　表 7-11

项目	允许偏差/mm
受力钢筋顺长度方向加工后的全长	±10
弯起钢筋各部分尺寸	±20
箍筋、螺旋筋各部分尺寸	±5

（2）受力钢筋同一截面的接头数量、搭接长度、焊接和机械接头质量应符合施工技术规范要求。同一根钢筋在接头长度区段内不得有两个接头，对于焊接接头，其接头的截面面积占总截面面积的百分率不大于 50%（表 7-12）。

T 梁接头长度区段内受力钢筋接头面积的最大百分率　　　　　表 7-12

接头形式	接头面积最大百分率/%	
	受拉区	受压区
主钢筋绑扎接头	25	50
主钢筋焊接接头	50	不限制

（3）受力钢筋应平直，表面不得有裂纹及其他损伤。

（4）垫块位置摆放正确，交错安排，以确保混凝土保护层达到设计规定的厚度，不少于 4 个/m²，T 梁 N1 主筋保护层为 65mm。

（5）钢筋骨架每节点都绑扎，垫块采用穿心式圆形垫块，每平方米不少于 4 个。扎丝头应朝向内侧并和钢筋紧紧连接在一起。

（6）绑扎好的钢筋呈现刚性框架，安装精确，不允许移动。

（7）加强焊接试验，现场取样。

（8）焊接工人必须经过专业培训，持证上岗。所有焊缝必须保证其焊接长度，无漏焊、虚焊现象，焊缝饱满。

（9）钢筋安装和清理完成，自检合格后请监理工程师检查。在检查中不合格的材料以及有缺陷的材料应立即修整或替换。

7.5.3　波纹管安装

钢筋在胎架上绑扎完成经检验合格后，用龙门式起重机整体吊装至台座上，保持钢筋骨架中心线与台座中心线一致。预应力波纹管内穿直径 75mm 的塑料波纹管,其壁厚、直径偏差应符合《预应力混凝土桥梁用塑料波纹管》JT/T 529—2016 的要求。

16m 预制 T 梁共计 2 束预应力钢束,编号为 N1、N2。根据设计图纸要求进行预应力波纹管的定位,确保预应力波纹管定位准确。根据预应力曲线要素,在 T 梁底座每隔 1m 进行标记,并标注每束波纹管的起弯点位置,预应力管道位置按设计坐标每 40cm(曲线段)或 60cm(直线段)用"#"架绑扎牢固,并与 T 梁骨架钢筋焊接。预应力波纹管定位后,应及时对其进行检查。

7.5.4 模板工程

1)模板配置说明

根据桥梁结构特点,T 梁预制厂均采用液压模板系统,其中内、外边梁各 1 套,中梁模板 3 套,通过液压系统实现模板的横向移动,完成模板的安装、拆除工作。在整个预制期间模板系统不再拆除、转向,直至全部预制工作完成。

2)T 梁底模及吊装孔预留

T 梁底模采用不锈钢板,保证了梁底混凝土清洁;底模制作时,根据现场施工组织及存梁时间,设置反拱。

为了防止预制梁上拱过大、预制梁与桥面现浇层由于龄期差别而产生过大收缩差,存梁期不宜超过 90d。预制梁应设置向下的二次抛物线反拱。预制 T 梁在钢束张拉完成后、各存梁期跨中上拱度计算值及二期恒载所产生的下挠值如表 7-13 所示,根据存梁期、混凝土配合比、材料特性以及经验设置反拱。反拱值的设计原则是使梁体在二期恒载施加前上拱度不超过 20mm,桥梁施工完成后桥梁不出现下挠。

预加力引起的上拱度及二期恒载产生的下挠值表　　　表 7-13

位置	钢束张拉完上拱度/mm	存梁 30d 上拱度/mm	存梁 60d 上拱度/mm	存梁 90d 上拱度/mm	二期恒载产生的下挠度/mm	活载挠度/mm	反预拱度建议值
边梁跨中	18.0	25.6	26.9	28.0	−7.4	−12.3	−14
中梁跨中	18.2	25.9	27.2	28.3	−8.4	−11.8	

设置反拱后的底座侧面呈二次抛物线形:以跨中为原点,根据公式 $y = ax^2$,y 值取 14,可反算出参数 a,依次可确定每延米跨径上对应的 y 值;台座施工时按照 y 值,一一定位槽钢的高度,然后焊接不锈钢板。施工设置反拱时,预应力管道也同时反拱。

预制 T 梁采用钢丝绳兜底吊装,底模吊梁孔宽度为 30cm,吊装孔位置设置厚度为 20mm 钢板,下设马凳和顶托,移梁前便于拆除钢板。为控制起吊后吊点顶部产生较大负弯矩,16mT 梁吊点位置控制在距梁端 1m 位置处,靠近腹板,两端对称设置。

3）T梁端模板（堵头板）及锚垫板

端模定型的钢模板，锚垫板位置定位准确、牢固，并注意安装角度与钢束相垂直。端模板采用厚度 8mm 的钢板和 8mm 扁铁加工成刚度大的框架结构。用螺栓和内、外模栓接为一体。堵头板安装前应将锚垫板通过螺栓安装在堵头板上，且与管道轴线垂直，注意锚垫板的规格符合设计要求，并注意锚垫板压浆口位置在上方。堵头板安装后，复核堵头板的安装角度、位置，进行梁长的复核。调整端头波纹管，将波纹管套入锚垫板套筒内，接头处缠绕胶带防止漏浆，并调整螺旋筋位置，将螺旋筋紧贴锚垫板位置，并安装锚下加强筋，锚下加强钢筋设置 4 层网片，采用 ϕ10mm 钢筋，层与层间距 10cm。锚垫板为 M15-7、M15-8 配套组件，安装时紧密贴合堵头板角度，按照图纸要求，锚垫板倾斜角度 M15-7 为 4.99°，M15-8 为 1.27°。同时按照图纸设计的封锚端，端模与预埋钢套管焊接为一体，混凝土浇筑完成后拆除堵头板，形成张拉槽，考虑锚具、限位板、千斤顶的设备厚度，预埋钢套管初步长度设为 14cm，封锚端构造示意图见图 7-60。

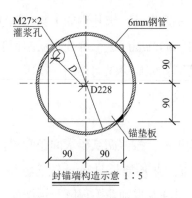

图 7-60 封锚端构造示意图

4）T梁侧模

面板用 6mm 厚钢板，背楞采用 ⊏10 槽钢，间距为 30cm，竖向采用双肢 ⊏14 槽钢，间距为 100cm，双肢槽钢横向水平布置 ⊏10 槽钢形成模板框架。钢筋吊装台座前应将底模清理干净，均匀涂刷脱模剂，保证混凝土外观质量。安装侧模前再次对底板进行检查，清除杂物，检查保护层垫块等符合要求后进行侧模安装。侧模安装前清理表面的锈迹、污质，清理后涂刷专用脱模剂，并检查模板的接缝情况，保证模板接缝处平整、无错台，接缝处可用透明玻璃胶进行填缝处理，保证接缝处不漏浆。

调整模板的中心与梁底座中心线在同一直线上，开启横向千斤顶液压油泵，回油收顶将模板靠向底座，将侧模贴近底模板；同时，开启竖向千斤顶液压油泵，通过竖向千斤顶调节模板竖向高度，将模板底与底座顶面齐平。

外模板底部用调节丝杆支撑地面，并通过丝杆进行模板的局部微调，侧模下口采用对拉螺栓，采用 M27 螺栓杆，间距为 70cm。

7.5.5 滴水槽留置

边梁模板加工时直接焊接半圆形圆钢在翼板模板上，距离控制为 8cm，线形顺直（图 7-61）。拆模后，注意保证滴水槽线形完整。

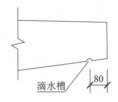

图 7-61 滴水槽大样图

7.5.6 顶板钢筋绑扎、防撞护栏预埋筋安装、伸缩缝预埋筋安装

1）顶板钢筋绑扎

侧模安装完成即进行顶板钢筋绑扎，绑扎钢筋下料在钢筋棚内完成，运输到现场进行绑扎，顶板钢筋按先横向、再纵向的顺序进行绑扎；横向钢筋绑扎前安装梳齿板，按照梳齿板间距逐一安装；横向钢筋绑扎完成穿纵向钢筋，按照设计规定的间距进行绑扎，钢筋的绑扎及验收标准同腹板、底板钢筋。

2）防撞护栏预埋筋安装

预埋筋按照图纸尺寸精确下料，按照图纸要求间距和翼板钢筋连接绑扎；因护栏预埋筋较高，为防止护栏预埋筋倾覆，采用通长ϕ12mm 钢筋将每根预埋筋连接为整体，注意保持间距不变；混凝土浇筑时，吊斗及振动棒不得触及预埋筋。

3）伸缩缝预埋筋安装

按照图纸要求，设置伸缩缝槽口，注意预埋①号筋，保证间距和数量，并采用ϕ12mm 钢筋将每根预埋筋横桥向绑扎在一起，混凝土浇筑时振动棒不得触及。

7.5.7 混凝土浇筑

顶板钢筋绑扎结束后报监理工程师验收，混凝土浇筑前还应严格检查伸缩缝、护栏、泄水孔、支座以及吊装预留孔等附属设施的预埋件是否齐全，确定无误后方可进行浇筑。

1）混凝土由拌合站集中供应，罐车运至预制厂，由龙门式起重机吊料斗入模。

2）在浇筑之前必须进行配合比及规定的预备试验，并经监理工程师书面批准，施工时严格按配合比进行。

3）浇筑前，测量组要进行复测，质检工程师对模板、钢筋、波纹管以及预埋件进行检查，为防止混凝土浇筑过程中预应力波纹管道变形、漏浆，浇筑混凝土前穿 PE 管作衬管，衬管外径 75mm；混凝土浇筑初凝后、终凝前对衬管进行抽拉活动，防止漏浆堵塞管。浇筑完成后6h，混凝土初凝后把衬管拔出。

4）T梁混凝土采用一次性浇筑，浇筑顺序为：底板→腹板→顶板。混凝土采用斜向分层连续浇筑的工艺，分层厚度不大于30cm。

5）混凝土浇筑时，严格控制坍落度，以免混凝土发生离析或泌水等现象。混凝土入模时下料要均匀，防止下料太集中，层厚太大，避免冲击波纹管和造成振捣困难，导致梁体混凝土产生蜂窝、麻面等缺陷。

6）梁体混凝土灌注时主要采用插入式振动器进行振捣，振动时间应保证获得足够的密实度（以混凝土不再下沉，不冒气泡，表面开始泛浆为度）。操作插入式振动器时宜快插慢拔。振动棒移动距离应不超过振动棒作用半径的1.5倍（40cm），确保混凝土均匀密实。浇筑时，注意振捣棒不得碰撞模板及波纹管。

7）为使桥面铺装混凝土与T梁紧密结合成整体，预制T梁时顶层拉毛，拉毛时间为浇筑完成后4h内；垂直于跨径方向划槽，槽深2~4mm，横贯桥面，每延米桥长不少于10~15道。

8）在梁体混凝土的强度达到2.5MPa时拆模。

9）T梁预制完成后，切实保证梁体混凝土达到内实外光、尺寸合格、棱角分明的效果。

10）混凝土浇筑过程中进行同期试件的制作，主要用于判断现场预应力混凝土结构和构件强度，试件应分别进行现场同期养护和实验室同环境、同条件养护，试件数量不少于6组。

11）模板拆除顺序为先拆横隔板模板，再拆侧模，最后拆除堵头板。拆除时，不得暴力强拆、强拧。

7.5.8 预应力张拉施工

1）预应力管道的位置必须严格按坐标定位并用定位钢筋固定，定位钢筋与T梁腹板箍筋点焊连接，严防错位和管道下垂。如果管道与钢筋发生碰撞，先保证管道位置不变而适当挪动构造钢筋位置。浇筑前应检查波纹管是否密封，防止浇筑混凝土时阻塞管道。

2）预制T梁预应力钢束必须待混凝土立方体强度达到混凝土强度设计等级的90%后，且混凝土龄期不少于7d，方可张拉，锚下控制应力为$0.75f_{pk}=1395$MPa。

3）施加预应力应采用张拉力与伸长量双控。当预应力钢束张拉达到设计张拉力时，实际伸长量值与理论伸长量值的误差应控制在6%以内。实际伸长量值扣除钢束的非弹性变形影响。

4）T梁预应力钢束张拉必须采取措施以防梁体发生侧弯，钢束采用两端张拉，先张拉N1钢束，后张拉N2钢束。

5）预应力管道采用真空吸浆，孔道压浆采用专用压浆料或专用压浆剂配制的浆液，按40mm×40mm×160mm长方体试件，标准养护28d测的抗压强度不低于50MPa。

后张法实测项目见表 7-14。

后张法实测项目 表 7-14

项次	检查项目		规定值或允许偏差	检查方法
1	管道坐标	梁长方向	±30mm	尺量：每构件检查 30%的管道，每个曲线段测 3 点，直线段每 10m 测 1 处，锚固点及连接点全部测
		梁宽方向	±10mm	
		梁高方向	±10mm	
2	管道间距	同排	±10mm	尺量：每构件检查 30%的管道，测 2 个断面
		上下层	±10mm	
3	张拉应力值		满足设计要求	查油压表读数：每根（束）检查
4	张拉伸长率		满足设计要求，设计未要求时为±6%	尺量：每根（束）检查
5	断丝滑丝数		每束一根，且每断面不超过钢丝总数的 1%	目测：每根（束）检查

6）理论伸长量计算

预应力实施前应进行理论钢绞线伸长量的复核计算，当预应力筋为曲线预应力筋，其伸长量分段计算，然后叠加。

（1）使用的公式：

①$\Delta l = \dfrac{P_{sl}L}{A_y E_y (KL+\mu\theta)}$

②$P_{sl} = P[1 - e^{-(KL+\mu\theta)}]$

式中：Δl——后张法预应力筋伸长值（m）;

P_{sl}——摩擦引起的预应力损失（N）;

P——预应力筋张拉端的张拉力（N）;

μ——预应力筋与管道壁的摩擦系数；

θ——从张拉端至计算截面曲线管道部分切线的夹角之和（rad）;

K——管道每米局部偏差对摩擦的影响系数；

L——从张拉端至计算截面的管道长度（m）;

A_y——预应力筋截面积（mm^2）;

E_y——预应力筋弹性模量（MPa）。

（2）各种计算参数的确定

计算所用参数（单束钢绞线）：

钢绞线采用$\phi^s 15.20mm$，标准强度$f_{pk} = 1860MPa$，弹性模$E_p = 197000MPa$（实测平均值，详见检测报告 2018-GJ-0103-01），钢绞线的截面积$A_p = 140mm^2$。

张拉控制应力$\delta_k = 0.75 f_{pk} = 0.75 \times 1860 = 1395MPa$;

管道摩擦系数 $M = 0.155$，管道偏差系数 $K = 0.0015$；

$P = A_p \times \delta_k = 1395\text{MPa} \times 140\text{mm}^2 = 195.3\text{kN}$；

$N_1 = 195.3 \times 7 = 1367.1\text{kN}$；

$N_2 = 195.3 \times 8 = 1562.4\text{kN}$。

7.5.9 真空辅助压浆

真空辅助压浆流程见图 7-62。

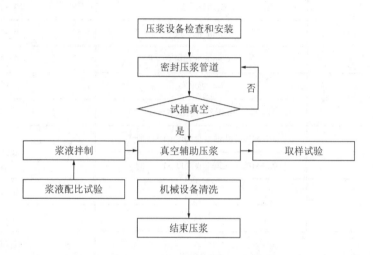

图 7-62 真空辅助压浆流程图

预应力筋张拉锚固后，孔道压浆应在张拉完成 48h 内完成。按先下层后上层的顺序进行压浆。孔道压浆应按技术规范、设计图纸，采用真空辅助压浆法压浆。真空压浆是防止钢绞线锈蚀、保证预应力钢绞线与混凝土牢固连接成整体的重要施工工序。

（1）将出浆端连接管连接到锚垫板的连接阀上，关闭入浆端阀门，启动真空泵进行抽气，使真空度达到 $-0.06 \sim -0.1\text{MPa}$。

（2）达到要求后关闭压浆机，立即将压浆管道通过连接阀门将其连接在锚垫板的压浆孔上。

（3）保持真空泵和压浆机在连续运转情况下，开启压浆端阀门，并将已拌制好的浆液压注到预应力管道。

（4）待水泥浆经过负压器时，检查到负压容器的浆液浓度，直到稠度达到设计要求且流动顺畅后，关闭真空抽浆泵和抽气阀门，暂停压浆机。

（5）启动压浆机保持压力为 0.5~0.7MPa，稳压 3~5min，关闭压浆机和压浆阀门，完成压浆。压浆顺序为先下后上，每个孔道一次压浆完成，不得中断。

（6）整个灌浆过程做好灌浆记录，防止漏压。同时每个施工班组留置不少于 6 组 40mm×40mm×160mm 的立方体试件，并进行标准养护。

浆液采用专用压浆剂配合拌制浆液技术指标应符合表 7-15 的要求。

T 梁后张法预应力孔道压浆浆液性能指标   表 7-15

项目		性能指标
水胶比		0.26~0.28
凝结时间/h	初凝	≥5
	终凝	≤24
流动度（25℃）/s	初始流动度	10~17
	30min 流动度	10~20
	60min 流动度	10~25
泌水率/%	24h 泌水率	0
	3h 钢丝间泌水率	0
压力泌水率/%	0.22MPa（孔道垂直高度≤1.8m 时）	≤2.0
	0.36MPa（孔道垂直高度>1.8m 时）	
自由膨胀率/%	3h	0~2
	24h	0~3
充盈度		合格
抗压强度/MPa	3d	≥20
	7d	≥40
	28d	≥50
抗折强度/MPa	3d	≥5
	7d	≥6
	28d	≥10
对钢筋的锈蚀作用	无锈蚀	《混凝土外加剂》GB 8076

每片 T 梁上定制模板采用自喷漆喷涂梁体标识，具体内容为：施工单位、施工部位、梁体编号、施工负责人、张拉时间、压浆时间、现场监理。

7.5.10 封锚

压浆后应立即将梁端水泥浆冲洗干净，清除支承垫板、锚具及端面混凝土的污垢。封锚混凝土强度等级为 C50，预埋套筒采用 C50 混凝土填充，混凝土采用捣棒捣实，仔细操作、振捣密实，保证锚具处封锚混凝土密实。封锚完成后，用环氧树脂在伸缩缝位置每片梁端贴 1 块 200mm×200mm×20mm 的减震橡胶块。

第四篇

施工篇

第8章
施工控制与管理

8.1 总体进度、质量、安全、文明施工目标

8.1.1 进度目标

本工程计划开工日期为 2020 年 5 月 1 日，计划交工日期为 2022 年 12 月 31 日，计划总工期为 36 个月，具体施工控制时间见表 8-1。

施工控制时间表　　　　　　　　　　　　　　　　表 8-1

序号	分项工程		开始时间	结束时间	工期/d	备注
1	施工准备		2020/2/1	2020/5/30	119	
2	路基工程	路基处理	2020/4/1	2021/4/30	394	
		路基填筑	2020/6/1	2021/11/15	440	已含3个月冬季停工
		路基挖方	2020/4/1	2020/12/31	274	
		涵洞工程	2020/5/1	2021/8/31	487	
		通道工程	2020/5/1	2021/9/30	517	
		防护排水	2021/9/1	2022/10/30	332	已含3个月冬季停工
3	桥梁工程	桥梁基础	2020/4/1	2021/10/31	578	
		桥梁下构	2020/6/1	2021/11/30	547	
		梁体预制	2020/7/1	2022/6/30	729	
		梁体安装	2021/3/1	2022/8/31	548	
		现浇、悬浇梁施工	2021/3/1	2022/5/30	455	
		桥面系及附属	2021/5/1	2022/10/30	455	已含3个月冬季停工
4	路面工程	基层	2021/6/1	2022/5/30	271	已含3个月冬季停工
		面层	2021/8/1	2022/10/15	348	已含3个月冬季停工
		路面附属	2021/9/1	2022/9/30	394	

续表

序号	分项工程		开始时间	结束时间	工期/d	备注
5	交安工程	安全设施	2022/3/1	2022/12/15	289	
		标志标线	2022/5/1	2022/12/15	228	
		预埋管道	2021/8/1	2022/6/30	333	
6	绿化工程	声屏障	2022/5/1	2022/12/15	228	

8.1.2 质量目标

（1）工程一次交验合格率100%，优良品率95%以上。

（2）不断加大科技创新力度，确保产品质量处于国内领先水平。

（3）杜绝产品质量违法违规现象发生。

（4）杜绝重大特大质量事故的发生。

8.1.3 安全目标

总目标：项目实施中无安全责任事故。

1）控制目标

（1）工伤事故：不发生轻伤、重伤。

（2）交通事故：不发生重大及以上交通事故。

（3）机电设备事故：不发生重大及以上设备事故。

（4）火灾事故：不发生人员伤亡及经济损失20万元以上的火灾事故。

（5）职业病控制：无职业病病例发生。

（6）投诉事件：不发生对本项目造成较大社会影响的安全生产投诉事件。

2）隐患治理目标

（1）安全生产一般隐患整改率100%。

（2）重大安全隐患治理方案和防范措施制定及落实率100%。

（3）安全隐患建档率100%，重大危险源受控。

3）管理目标

（1）安全教育培训计划落实率100%，转岗、复工、新进场人员岗前安全培训率100%，特种作业人员及特种设备操作人员持证上岗率100%，新规、新法宣贯率100%。

（2）项目负责人、安全生产管理人员持证上岗及后期培训率100%。

（3）危险性较大分部、分项工程安全技术编制、审批、交底率100%。

（4）特种设备定检率100%。

（5）现场安全防护设施、安全保护装置到位率100%，作业人员劳动保护用品发放、使用率100%。

8.1.4 文明施工目标

驻地设施完备整齐、干净，施工现场管理井然有序，在施工期间实现外界向业主"零"投诉，争创"文明工地"。工程竣工后，恢复周边地貌，做到文明撤离；开展共建活动，尊重当地居民的风俗习惯，搞好驻地团结。

8.2 工期、质量保证体系及保证措施

8.2.1 工期保证体系

工期保证体系由组织保证、资源保证、技术保证、措施与制度保证、经济保证五大部分组成，各个部分再将指标要求分解至各职能部门、施工队、班组及个人，分部门、分层次逐一落实，保证总体计划实现，具体见图 8-1。

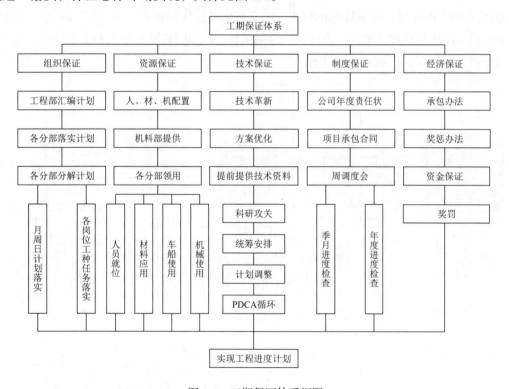

图 8-1 工期保证体系框图

8.2.2 工期保证措施

1）技术保证措施

（1）为确保预制立柱施工速度，合理划分施工流水段，分块组织流水作业。

（2）做好各工种之间的配合工作，定期检查和协调各工种间的工序配合及工期配合。

（3）为充分体现公司的施工技术水平，运用先进的施工技术和施工经验，确保工程建

设的质量和施工工期。

2）材料设备保证措施

（1）为确保各阶段计划顺利完成，周转设备及机械配置将按阶段计划实物量提前配置。

（2）为加快施工速度，视施工进展和需要，组织设备材料超常规投入，确保供应相应的设备和材料，保证工程施工的顺利进行。

（3）充分利用本公司机械设备优势，满足工程需要，是加快整个工程进度的有力保证。

3）劳动力保证措施

（1）根据方案实施要求及施工进度和劳动力需求计划，集结有业绩、有信誉的施工队伍，组织劳动力分批进场并建立相应的组织体系和管理制度。

（2）发挥本项目管理的优势，协调各班组进行立体交叉施工，确保工期目标实现。

8.2.3 质量保证体系

按照ISO 9001质量保证体系的要求，建立健全质量保证体系（图8-2），成立质量管理领导小组，以项目经理为组长，项目总工为副组长，各部门科室负责人和施工队长为组员，全面负责工程质量的实施和管理工作。

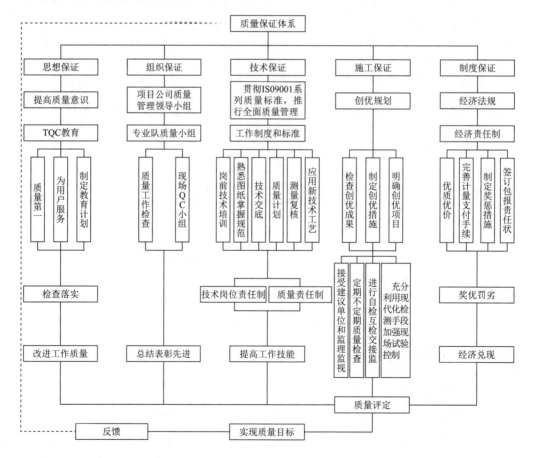

图8-2 质量保证体系

8.2.4 质量保证措施

1）人员保证

安排得力的技术骨干，充实各关键技术岗位，及时开展岗前培训和技术交底。

2）技术保证

施工前认真会审图纸，组织人员对施工现场进行深入的踏勘和调查，制定切实可行的施工方案。

3）原材料保证

施工所需原材料必须具有材料合格证和检验证，并经实验室抽样，检验合格后方可使用。

4）设备保证

所有机械设备，坚持维修、保养制度，确保机械设备的完好，满足工程施工要求。

5）认真贯彻执行各项技术规范，建立合格的实验室，严格抓好试验检测工作。

6）环境保证

坚持经常性的天气预报监收，对不利天气及时采取相应措施，保证将自然灾害损失降到最低。加强与地方政府的关系协调，避免地方矛盾干扰工程施工。

7）模板制作及安装质量保证

模板应具有足够刚度、强度以保证其受力要求，确保多次周转不变形，模板拼接处要求严密、平整、不漏浆、拆除方便。为了保证混凝土的外观质量，模板间的接缝应采用适当的塑纸衬平，模板与模板间一定要接平。

模板安装前，要在模板上涂刷足脱模剂，但不得沾污钢筋，以后每次使用前都要铲除残剩于模板上的混凝土，并且涂刷模板漆同样不得沾污钢筋。

8）钢筋制作及安装质量保证

进场的钢筋应按规定分批验收进行力学性能试验合格后方能使用；焊接的钢筋除由具有合格等级证书的焊工焊接外，还应按规定进行力学试验合格后方可进行绑扎钢筋。钢筋施工人员应严格按照设计图进行翻样，并按翻样图进行弯配钢筋，确保每根钢筋的尺寸准确。

严格按施工图纸进行绑扎，间距误差控制在±2mm 的允许精度范围内。钢筋绑扎必须牢固，特别是箍筋角与钢筋的交接点均应扎牢，对必要地方应用气保焊焊接加强。

钢筋、焊条品种、规格和技术性能应符合国家现行标准规定和设计要求。冷拉钢筋的机械性能必须符合规范要求，钢筋平直，表面不应有裂皮和油污。受力钢筋同一截面的接头数量、搭接长度、焊接和机械接头质量应符合施工技术规范要求。钢筋安装时，必须保证设计要求的钢筋根数。受力钢筋应平直，表面不得有裂纹及其他损伤。

钢筋安装控制严格按照《公路工程施工质量验收标准》DG/TJ 08—119—2018 进行验收。

9）混凝土施工质量保证

水泥选用品质稳定、强度等级不低于 42.5 的硅酸盐水泥或普通硅酸盐水泥；粉煤灰、磨细矿渣粉等矿物掺合料符合《公路桥涵施工技术规范》JTG/T 3650—2020 中的要求；粗骨料选用粒径≤20mm，加工形式为反击破式，且针片状含量不大于 6%，含泥量不大于 1%，泥块含量不大于 0.5%；细骨料采用中砂，含泥量不大于 3%，泥块含量不大于 1%，细度模数不低于 2.5；采用高性能聚羧酸减水剂，减水率不小于 25%；设计合理的级配并进行验证，满足自密实混凝土各项技术指标；拌合站严格按照规范确保砂石称重计量误差在 +2%，水泥、外加剂、掺合物称重计量误差在 +1%，并保证搅拌时间不少于 180s。

与拌合站协商确定足够车辆，合理调度搅拌车运输送料时间，运至现场须逐车进行混凝土坍落度的检测。

严格控制每次下料的高度，有效控制跌落高度在 1~1.5m 范围内，不允许超过 2m 的跌落高度。每节立柱混凝土采用分层浇筑，每层高度≤30cm，控制方法为在振捣棒管上刻画尺度，保证分层浇筑的厚度及振动棒插入的深度。混凝土振捣时，严格遵照插入式振动器使用要求进行振捣工作；进行上层混凝土浇筑时，振动棒插入下层混凝土 10cm。混凝土振捣时，严防漏振、过振。

混凝土浇筑完成后，应在收浆后尽快予以覆盖和洒水养护；在本工程立柱施工中，混凝土养护采用浇水和覆盖土工布结合的方式进行，混凝土养护用水应采用洁净的符合要求的水源。每天洒水次数以能保持混凝土表面经常处于湿润状态为度；混凝土强度达到 2.5MPa 前，不得使其承受行人、运输工具、模板、支架及脚手架等荷载。

8.3 安全文明施工保证体系及保证措施

8.3.1 安全施工保障体系

建立符合《职业健康安全管理体系要求》GB/T 28001—2011 的安全管理体系，施工期内至少接受一次由第三方组织的质量体系核查，其组织结构见图 8-3。

8.3.2 安全施工保证措施

1）建立安全保证制度

（1）制定安全生产目标，实行单位连续安全生产天数累进奖励制和事故当事人与领导责任追究制，采用行政和经济相结合的奖罚办法。

（2）建立安全工作"日查月审"制度，安全工作要做到时时讲、处处讲，使安全意识深入人心，不允许有半点侥幸麻痹的思想存在。

2）加强安全教育和安全措施的设置

（1）所有工种操作人员都必须加强岗前培训，系统掌握有关安全知识，并考核合格后，持证上岗。

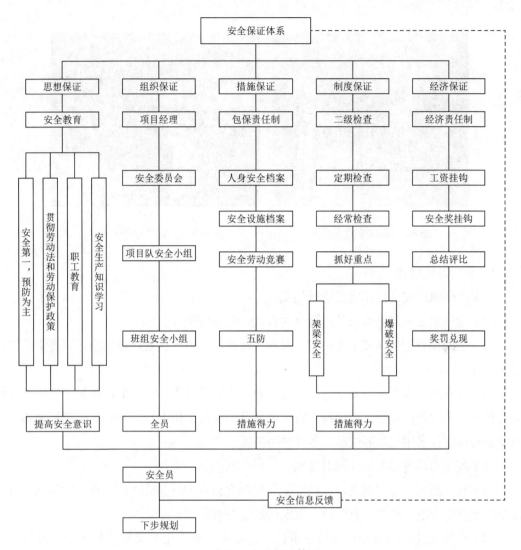

图 8-3 安全保证体系

（2）所有进入高空、井下、陡坡、预制厂等危险施分部的人员，都必须佩戴安全帽和安全通行证。

（3）每个分项工程开工前都要进行详细的三级交底，让所有参建人员清楚施工过程的安全操作规程、注意事项等；在桥梁施工点设置安全宣讲台，每天上岗前劳务班组长强调存在的安全隐患，做到万无一失。

（4）对于存在较大安全隐患的施工项目，根据实际情况召开安全专题会，参会人员包括管理人员和劳务工人，通过专题会共同讨论，优化方案，消除隐患。

（5）开展"安全+"检查活动，严格审查劳务队安全生产资质，落实班前讲话制度、确保安全管理扎根基层；建立了分部安全会议制度，每个月各分部至少召开一次安全专题会议，主要是针对劳务队伍和班组长，确保制度的有效落实；实行轮值安全员制度，让全体参建人员参与到安全管理工作当中去（图 8-4、图 8-5）。

图 8-4　班前会讲安全图　　　　图 8-5　安全专题会议

3）安全保证措施

（1）严格执行安全操作规程进行施工。

（2）操作前必须对机械设备进行全面检查，并做好例保。

（3）定期检查钢丝绳或尼龙吊带，发现有断丝现象要根据断丝量来决定调换钢丝绳或尼龙吊带。

（4）所有施工电线尽量架空，或穿过足够强度的管材埋入地下加以保护。电线绝缘性能要良好，发现表皮破损立即调换，所有电气设备及施工用电均按外环线指挥部对施工用电安全的规定，采用三相五线制，做好接地装置。

（5）配电箱设置总开关，同时做到"一机一闸一漏一箱"。

（6）施工现场的电气设备设施按安全管理制度执行例行保养维护工作，现场电线电气设备设施有专业电工经常检查整理，发现问题立即解决。

（7）现场组建以项目经理为第一责任人的防火领导小组和义务消防队员、班组防火员，消防干部持证上岗。

（8）施工现场配备足够的消防器材，统一由消防干部负责维护、管理、定期更新、保证完整、临警好用，并做好书面记录。

（9）电焊工在动用明火时随身带好"二证"（电焊工操作证、动火许可证）"一器"（消防灭火器）"一监护"（监护人职责交底书）。

（10）压浆人员必须站在注浆孔两侧操作，严禁正对注浆孔，也不得踩踏高压油管。

（11）压浆时操作人员要注意保护眼睛和皮肤，避免接触水泥浆。

（12）顶升设备使用前，应对高压油泵、千斤顶进行空载试运行，无异常情况方可正式使用。高压油管使用前应作耐压试验，不合格的不能使用。

（13）电气设备由专人管理，电闸箱应符合技术要求，在使用电源线前应进行测试，不得违章作业，作业完毕后必须将总电源切断，所有电气设备应遮盖。严格遵守施工现场的用电制度。

8.3.3 文明施工保证体系

为了在工程施工过程中能将文明施工工作做到实处，实现文明施工目标，达到令业主满意的效果，项目部将建立文明施工保证体系，详见图 8-6。

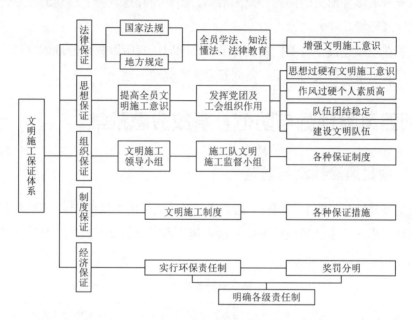

图 8-6 文明施工保证体系框图

8.3.4 文明施工保证措施

（1）加强宣传教育，统一思想，使职工认识到文明施工是企业形象、队伍素质的反映，是安全生产的保证，要增强文明施工和加强现场管理的自觉性。

（2）合理规划布置场地。各项临时设施必须符合规定标准，做到场地整洁、道路平顺、材料堆放整齐、排水畅通、标志醒目。生产环境达到标准作业要求，现场管理有序，场地布置统一规划。施工区材料堆放整齐，各种物资材料标识正确醒目。

（3）落实文明施工现场责任区，制定相关规章制度，确保文明施工现场管理有章可循，强化施工现场管理，严格责任制，明确分工，责任到人，奖罚分明，做到突出重点、分批落实、规范施工、注重实效。坚持施工人员挂牌上岗，施工现场设置鲜明的标牌、现场工程概况牌、安全纪律牌、安全宣传牌、事故记录牌和施工总平面图，要设置齐全、规格统一、内容完整、位置醒目。

（4）认真进行现场调查，及时与当地主管部门联系，对施工区内的设施要做好重点保护，以免破坏。在施工中发现文物时，及时报告并做好现场保护工作。

（5）施工现场坚持工完料清，垃圾杂物集中整齐堆放，及时处理。

（6）加强检查监督，从严要求，持之以恒，使文明施工现场管理真正抓出成效。项目经理对文明施工现场施行定期和不定期检查，项目每月组织一次专项检查，对照评分，严格奖惩，交流经验，查纠不足。

（7）尊重当地民风、民俗，遵守地方法规。

（8）积极开展多种形式的便民、爱民活动，搞好与驻地政府、群众的关系，创造宽松良好的施工外部环境。

（9）按照业主及建设主管部门的指标要求，同时认真听取驻地监理的意见，协调好各方关系，搞好安全生产和文明施工，争创安全文明标准工地。

8.4 项目风险预测与防范，事故应急预案

8.4.1 项目风险预测与防范

本项目为新建项目，施工路线长、施工周期长、施工组织难度较大，项目实施过程中，存在大量不确定因素，由此造成的风险直接影响工程项目的顺利实施，具体风险预测与防范措施见表8-2。

预测风险与防范表　　　　表 8-2

序号	工序	危险源	风险预测	防范措施
1	跨铁路桥施工	转体速度过快 现浇支架基础不牢	梁体倾覆 支架倾覆	1. 编制转体桥专项施工方案； 2. 对施工人员进行安全技术交底； 3. 设置安全防护区和各种警戒标志
2	施工用电	安全用电	触电事故	1. 编制临时用电施工方案，经批准后实施； 2. 对施工人员进行安全用电技术交底； 3. 安排专业人员定期对用电线路及设备检查
3	桥梁上部施工	高空作业	高空坠落、物体打击	1. 编制预制拼装及桥面系专项施工方案并经专家组评审； 2. 对施工人员进行安全技术交底； 3. 设置安全防护区和各种警戒标志
4	预制、拼装施工	运输、吊装作业	交通事故、吊装作业	1. 根据运输条件合理选择预制厂位置； 2. 特种作业人员必须取得操作证且培训合格后方能上岗； 3. 起重作业时必须有专人指挥； 4. 设置安全防护区和各种警戒标志
5	路基、路面施工	施工机械	机械伤害	1. 对施工人员进行安全技术交底； 2. 作业人员严格执行各类机械操作规程； 3. 机械交叉作业时安排专人指挥

8.4.2 事故应急预案

1）成立事故应急救援的组织机构

（1）项目部事故应急救援组织机构

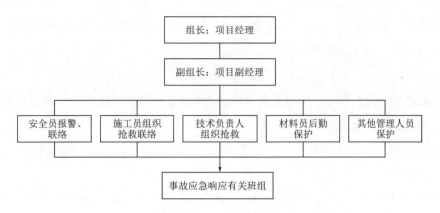

图 8-7 项目部事故应急救援的组织机构图

（2）应急救援小组具体抢险救援工作职责

①负责人员和物资的抢救疏散，排除险情及排除抢险障碍。

②迅速控制事故的发展并针对现场具体情况，提供相应和必要的施救工具。

③负责事故报警和上报、现场救援联络、后勤供应、接应外部专业救援单位施救。指挥、清点、联络各类人员。

④负责安全警戒、保护现场、维护事故现场秩序，劝退或撤离现场围观人员，禁止外人闯入现场保护区。

（3）项目部联系电话

设立值班室并配备电话。

（4）外部报警电话

火警：119；急救：120；综合：110；交通事故报警：122。

2）应急救援的培训与演练

（1）培训

应急救援组织机构组织全体成员每半年进行一次培训，新加入应急救援组织的人员及时培训，救援组织成员变动较大时增加演练次数。

（2）演练

按照事故应急预案内容模拟演练，每次演练结束，及时作出总结；对存有一定差距的演练，日后的工作中加以提高。

3）应急预案

（1）呼救

最先发现情况的人员应大声呼叫，呼叫内容要明确，如：某某地点或某某部位发生某某情况，将信息准确传出。

（2）报警

报警员负责打急救电话 120（如遇火灾应拨打 119 火警电话），将工程所在位置、工程名称、联系人、事故种类、伤害情况等通知医务人员（消防部门）前来救护，遇特殊情况应打110通知警方前来协助抢救人员。

（3）接车

接车员迅速到路口接车，引领急救车（消防车）从具备驶入条件的道路迅速到达现场。

（4）事故应急救援预案

卫生、医疗突发应急预案：

①组织领导

成立由项目经理任组长，项目书记、综合办主任任副组长，各部门负责人为成员的项目卫生、医疗突发应急救援领导小组。领导小组由组长统一领导，指导、协调项目部的卫生、医疗突发应急的处理工作。

②应急处置

施工现场或生活区出现传染病时，及时组建处理病情的领导小组，在领导小组成员的统一安排下，要求传染者立即佩戴防护口罩、手套到项目部临时隔离室休息，并由项目部卫生监督员立即通知传染病医院，需转医院治疗的立即通知传染病医院。

项目部对传染病病人所在施工作业区或生活宿舍及所涉及的公共场所进行消毒，对与传染病人密切接触的工人、管理人员进行隔离观察，防止疫情扩散，迅速切断感染源。

火灾事故救援预案：

①发生火灾后，发现人立即大声呼救并报告项目部的有关人员，第一时间拨打119救援电话。

②立即启动应急救援预案。

③失火后如有人员受伤，轻伤的立即送附近医院治疗，有重伤员时立即拨打120。

④在救火过程中要注意人员的疏散与隔离，要将易燃、易爆物品搬至安全地带。

⑤对于可燃气体存放区事故，首先应立即将施工人员撤离现场，在详细了解存料情况后告知专业消防队员，再进行正确施救。

跨线路段交通安全事故救援预案：

①组织领导

成立项目交通安全事故应急救援领导小组，由项目经理任组长，安全部部长任副组长，各部门负责人为成员。交通事故应急救援办公室设在安全部办公室。

②应急处置

在接到道路交通安全事故报告后，立即报告项目道路交通安全事故紧急处置领导小组组长或副组长，并报告当地交通主管部门。

③现场救护

事故现场人员应及时组织现场其他人员临时救护，并联系车辆将受伤人员送往医院，同时电话上报领导。如受伤人员情况严重应联系医院120救护车，并派出车辆到事故现场迎接。

④指导交通事故责任认定和善后处理工作

在事故原因查明后，协助当地交警部门进行事故处理，依法处理交通事故责任者，积极、稳妥地对交通事故所造成的损害后果进行善后调解。

触电伤害事故的应急救援预案：

①当发现有人触电后，应迅速展开急救工作，动作迅速、方法准确最为关键。

②首先应迅速切断电源，若电源开关距离较远，可用绝缘体拉开触电者身上的电线，或用带绝缘柄的工具切断电线。切勿用金属材料或潮湿物体作救护工具，更不可接触触电者身体，以防自己触电。

③当触电者脱离电源后，应根据其具体情况，迅速对症治疗。

机械伤害事故的应急救援预案：

①让休克者平卧，不用枕头，腿部抬高30°。若属于心源性休克同时伴有心力衰竭、气急，不能平卧时，可采用半卧。注意保暖和安静，尽量不要搬动，如必须搬动时，动作要轻。工作现场发生严重骨折时，必须迅速采取紧急救护；对于骨折伤者，首先采取正确的固定方法；对于出血者，及时有效的现场止血。

②保持呼吸道畅通，用鼻导管或面罩给氧。危重病人根据情况给予鼻导管或气管内插管给氧。

③立即与医务工作人员联系，请医生治疗。

模板坍塌的安全事故预案：

①发生模板坍塌安全事故后，班组长及木工班组成员或其他施工管理人员应立即一边派人通知项目经理一边组织人员进行抢救。

②得到通知的施工管理人员及项目经理应立即拨打120电话，将工程所在位置、工程名称、联系人、联系电话、伤者情况等通知医务人员前来救护，遇特殊情况应打110通知警方前来协助抢救人员。

③施工管理人员及项目经理应立即赶往事故现场维持秩序，在现场周围设置警戒线及警戒标志以防其他事件的发生。

④医护人员来到后，施工管理人员和班组长应协助救治伤员并随救护车前往医院处理其他事项，项目经理及其他施工管理人员应保护好现场，并通知公司及分管领导以备调查并采取有效措施加以预防。

第 9 章
装配式桥梁施工方法

9.1 钻孔灌注桩施工

1) 工程概况

全桥桩基共 3547 根（1.2m 桩径 1194 根、1.3m 桩径 242 根、1.4m 桩径 130 根、1.5m 桩径 479 根、1.6m 桩径 1094 根、1.8m 桩径 372 根、2.5m 桩径 36 根），穿过的地质覆盖层为粉土、粉质黏土、强风化石灰岩、中风化石灰岩等，桩基类型主要有摩擦桩和嵌岩桩两种。

2) 施工方法

在陆上整平施工场地，根据地质情况及孔径、孔深选择适当钻机，部分自重过大的钻机还要保证施工场地的地基承载力能够满足施工时的荷载。

3) 施工流程

场地平整→护筒打设→钻机就位→钻进成孔→清孔→检孔→移钻机、下放钢筋笼→下放导管→二次清孔→混凝土浇筑→桩基检测。

4) 钻机选择

根据现场桩基穿过的土层类别，嵌岩桩桩长较短采用冲击钻施工，摩擦桩宜采用旋挖钻进行施工，深长桩且入岩者采用回旋钻进行施工。

5) 护筒选择

根据施工图纸要求，护筒壁厚最小厚度为10mm，根据设计图纸提供的地质报告，黏土层埋深较浅，钻机施工时护筒底打设至黏土层下1m，防止护筒脚漏浆。护筒顶高于地面0.3m，内径大于桩径不小于200mm。

6) 桩基放样

按照桩基施工顺序，精确放出桩位，并与现场施工人员做好交接，做护桩保护桩位。专人复核合格后，报测量监理工程师复测。

7) 钻进成孔

（1）旋挖钻机

用全站仪或经纬仪复核钻杆垂直度，开始旋挖钻进时，在护筒刃脚处，宜低挡慢速钻进，使刃脚处有牢固的护壁。钻至刃脚下 1m 后可按土质以正常速度钻进，在通过砂层时，放慢钻进速度，进尺速度不得超过 3m/h，增加钻机空钻循环圈数；适当加大泥浆相对密度至1.15，以加强护壁效果。旋挖钻机挖出的泥浆等用装载机清理出施工现场。

在钻进过程中，定时检测泥浆的相对密度和含砂率。边旋挖钻进边用泥浆泵从泥浆池中向孔内注入泥浆，保持孔内的水头高度。

（2）回旋钻机

在钻机钻进过程中，除维护好设备、保持设备良好连续运行和保证优良的泥浆外，尤应注意以下问题和采取的措施，以保证成孔的质量要求。

准备工作结束后，首先慢速钻进，待整个钻头进入土层后，钻机调节到正常速度。坚持减压钻进原则。钻杆上设导向装置和配重，以保证钻杆的铅锤，从而保证钻孔垂直度。钻过护筒脚部位时必须慢速钻进，观察水面和水位情况，防止护筒脚漏浆；若发现漏浆，必须立即回填或加压护筒后再钻进，确保安全成孔。钻进过程中，严格控制孔内的水头，确保孔壁压力，保证钻孔安全。采取有效措施，防止螺母、螺栓、施工工具及其他钢构件等掉入孔内。坚持分地层控制钻速和钻压的原则。应根据地层的地质情况控制钻进速度和转盘转速。

（3）冲击钻

冲击钻冲击成孔时应小冲程开孔，并使初成孔的孔壁坚实、竖直、圆顺，能起到导向作用，此时锤高宜在0.4~0.6m，并及时加黏土泥浆进行护壁使孔壁挤压密实，直到孔深超过钻头全高加冲程后，方可加大冲程，转入正常连续冲击。

在钻进过程中，每1~2m要检查一次成孔垂直度。如发现偏斜应立即停止钻进，采取措施进行纠正，对于变层和易于发生偏斜部位应采用低锤轻击、间断冲击的办法穿过，以保持孔形良好。在钻进过程中，要注意对钻头进行维修保养并及时更换钻齿以保证钻进效率。

（4）成孔检查

成孔后，使用JJC-1D型灌注桩孔径检测系统对孔径、孔深、沉淀厚度、倾斜度等指标进行检查。

成孔检测仪（图9-1）全套设备包括井径、沉渣、垂直度的测量探头及绞车、电缆、井口滑轮等主要部件。

主机采用笔记本电脑和便携式打印机。检测时可实时显示各项检测数据和曲线，并将这些数据存储并打印输出。可方便地编制检测速报和成孔质量检测报告，资料的存储和处理方便、快捷，可以大幅度地提高工作效率和质量。

工地现场另做一套检孔器备用，检孔器用带肋钢筋做成，直径与钻孔直径相同，长度为孔径的4~6倍。

8）泥浆池开挖及泥浆调制

（1）泥浆池开挖

图9-1 成孔检测仪

施工前，在红线外选定泥浆池及沉淀池的位置。根据桥梁墩位，在合适的位置征临时用地。根据桩基的直径及孔深确定泥浆池及沉淀池的大小,泥浆池的体积宜为桩孔体积的1.5倍。泥浆循环利用,施工完毕将所有废浆集中外运远离施工现场处理,回填泥浆池基坑。

(2)泥浆调制

泥浆是钻孔的灵魂,选择由膨润土、纯碱(Na_2CO_3)及水搅拌而成的优质泥浆。泥浆配制表见表9-1。

泥浆配制表　　　　表 9-1

项目	阶段				试验方法
	新鲜泥浆	钻进泥浆	回流泥浆	清孔泥浆	
密度/(g/cm³)	≤1.04	≤1.20	1.08~1.20	1.03~1.10	泥浆比重计
黏度/s	26~35	25~28	24~26	17~20	标准漏斗黏度计
失水量/(mL/30min)	≤10	≤18	≤15	≤10	滤纸、玻璃板
泥皮厚/(mm/30min)	≤1.0	≤2.0	≤1.5	≤1.0	用尺量
胶体率/%	100	≥96	≥98	≥98	量筒
含砂量/%	≤0.5	≤4.0	0.5~1.0	≤2	含砂率计
pH 值	10~12	9~10	9~10	8~9	试纸

9)清孔

旋挖钻机完成后用筒式钻进行掏渣清孔,清孔过程中速度不宜过快,同时保持孔内的水头高度。

回旋钻机采用反循环进行清孔,冲击钻机采用正循环进行清孔,提升钻头距孔底10~20cm,空转钻头,以相对密度较低(1.03~1.1)的低含砂率优质泥浆注入,将钻孔内的悬浮钻渣和相对密度较大的泥浆换出。清孔时要保持孔内水头,防止坍孔。清孔时孔口、孔中部和孔底提出的泥浆相对密度为1.03~1.1,黏度为17~20s,含砂率<2%时方可停止,提升钻具。

10)钢筋笼制作、安装

(1)加工

钢筋笼和检测管分节制作,在钢筋加工场地采用钢筋笼滚焊机进行焊接。接头均按50%错开,为保证工程质量和施工进度,采用滚扎直螺纹套筒接头。

(2)钢筋骨架的吊运输与吊装

制好后的钢筋骨架存放在平整、干燥的场地上,按每个骨架的各节次序排好,并在每个节段上挂标志牌,写明墩号、桩号、节号等,以便使用时按顺序运出。

在护筒顶制作一定型吊装结构吊挂钢筋笼于护筒顶端。钢筋笼的起吊和就位采用 25t 起重机吊装,为保证钢筋笼起吊时不变形,采用长吊索小夹角的方法减少水平分力,同时采用两个吊钩抬吊。钢筋骨架在整个制作、运输、吊装过程中,要严格控制其变形。

钢筋笼安放过程中,严格控制钢筋笼接头安装质量。钢筋笼下放前在主筋及箍筋上绑扎特制混凝土垫块以确保钢筋笼保护层厚度,下放时速度放慢防止碰撞孔壁。

11) 导管安放

导管采用内径 30cm 的钢管制作,导管使用前进行水密性、接头抗拉和承压试验。导管在安放前需要进行试拼并编号。现场拼接时保持密封圈无破损,接头严密,管轴顺直。导管下放前检查每根导管是否干净、畅通以及止水 O 形密封圈的完好性,保证灌注混凝土过程中不漏水、不破裂和拆管有序。

12) 二次清孔

导管下放结束后,根据钻机不同选择合适方式进行二次清孔,使孔内沉淀厚度和泥浆指标在规范容许范围内。

灌注混凝土是保证成桩质量的关键工序,"断桩""夹泥""堵管"等常见的灌注质量事故都与孔内混凝土上部压力过大有一定关系。反循环二次清孔技术的运用使钻渣清理较为彻底,因此灌注较为顺畅,桩顶沉渣少,桩身混凝土质量明显提高。反循环法二次清孔技术大大缩短了桩的清孔时间,提高了成孔效率。

13) 灌注水下混凝土

桩基混凝土采用 C30 水下混凝土,混凝土具有良好的和易性,灌注时保持有足够的流动性,混凝土的初凝时间大于 4h。

首批混凝土浇筑采用隔水剪球法,灌注首批混凝土时,导管下口距孔底 25~40cm,首批混凝土浇筑方量保证导管埋入混凝土中深度不小于 1m。

灌注过程中,随时控测混凝土顶面高程,导管埋深控制在 2~6m 之间。为保证桩头混凝土质量,桩顶超灌 1m 左右。

14) 混凝土灌注桩检测

当桩混凝土达到一定强度后,即可进行混凝土灌注桩超声波或小应变检测,确定混凝土灌注桩质量。

要求施工中必须谨慎,强化管理,加强对各个施工环节的控制,保证各个环节均达到规范和质量标准要求,确保成桩质量全部合格。钻孔灌注桩检查项目及允许偏差见表 9-2。

钻孔灌注桩检查项目及允许偏差　　　　表 9-2

项次	检查项目	规定值或允许偏差	检查方法和频率
1	混凝土强度/MPa	在合格标准内	按《公路桥涵施工技术规范》JTG/T F50—2011
2	孔的中心位置/mm	群桩:100,单排桩:50	用经纬仪检查纵、横方向
3	孔径	不小于设计桩径	查灌注前记录
4	倾斜度	1%	查灌注前记录
5	孔深	符合图纸要求	查灌注前记录
6	沉淀厚度/mm	≤设计值	查灌注前记录

续表

项次	检查项目		规定值或允许偏差	检查方法和频率
7	清孔后泥浆指标	相对密度	1.03～1.10	查清孔资料
		黏度	17～20s	
		含砂率	<2%	
		胶体率	>98%	

9.2 装配式墩柱施工

9.2.1 准备工作

墩柱安装前应对桩基按预定高程破桩头，并对桩基顶端进行精确高度处理。精确高度后的桩顶标高要求±10mm。

在桥墩拼装前应对外露钢筋进行除锈处理。

拆模后将柱身弹线，主要用于校正柱子轴线、标高和垂直度。首先将柱身清扫干净，然后在柱身上弹出安装定位轴线，定位轴线根据盖梁预埋钢筋进行弹线，具体要求按照盖梁灌浆金属波纹管设计平面位置执行。

柱顶要提前弹出盖梁安装定位线。在柱子根部+100mm 或+500mm 部位弹出标高线。

桩头处清理基础顶面，在表面弹出与墩柱纵轴线相对应的纵横十字安装定位线。

9.2.2 墩柱运输

根据本项目构件特点和运输路况条件，墩柱的装运选用平板车（图 9-2）。

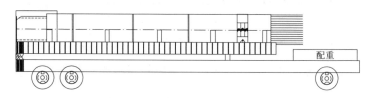

图 9-2 墩柱运输示意图

运输路线：预制工厂出厂→转入施工便道→至现场安装区域。

路基处理后，上述构件运输路线途经的路桥设计载荷均需≥30t 级，能满足本工程构件运载通行（包括途经转弯路幅）。

1）装运作业程序

（1）根据构件的外形特征，确定前后拖车的位置；装车时前后拖车中心位置保持一直线，中间用钢丝绳进行连接；同时在前后转盘与钢梁之间用枕木作填衬，由于墩柱端部存在伸出钢筋，故在转运过程中伸出钢筋需采取相应的保护措施，可根据实际情况选择土工布包裹或者焊制专用的套筒保护，套筒直径150cm、长1.5m。

（2）构件装车后，两侧前后用尼龙吊带或钢丝绳进行绑扎，在与构件接触部位用麻布包角填衬后使用紧绳器或手拉葫芦收紧绳索；并拉设警示绳，悬挂示宽灯。

（3）构件运载如若需要经过市政道路，需向各有关部门提前办妥一切相关手续；实施运载，严格按规定时间和路线进行。构件运输时，需配备开道指挥车一辆；车辆转弯应启用随车遥控自动转向装置。

（4）车辆行驶时，转弯速度保持在5km/h左右，确保构件运输安全。

（5）构件运抵卸货区域后，按吊装方案要求，停妥卸车位置，拆解捆扎绳索。

2）装运注意事项

（1）根据现场工况条件，明确构件吊装顺序和进场方向，并确定构件出厂装车的方向。

（2）运料车进场路线的场地须平整、硬实。

（3）若构件运输影响交通应尽可能安排夜间进场，现场配合做好交通协管工作（图9-3）。

图9-3 墩柱运输

9.2.3 墩柱定位

1）吊装前定位

墩柱到场前应进行定位支架的安装工作，运输前在施工作业面先进行定位框架及预制套箍就位。临时定位装置如图9-4所示。

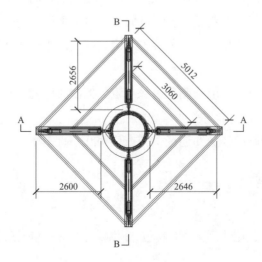

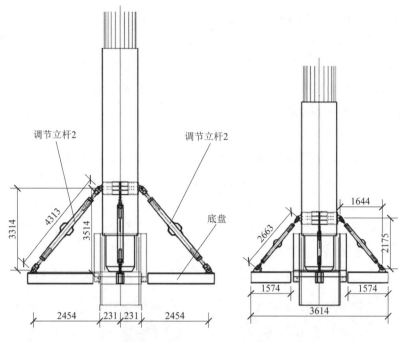

图 9-4 墩身定位支架示意图

2）吊装后初步定位

利用高精度的镜子观察预留插筋与柱内套筒位置，调整柱至预留插筋与预留套筒逐根对应，全部准确插入套筒后，柱缓慢下降，由安装人员根据辅助定位线轻推柱初步定位。

3）校准定位

测量人员进行偏位及垂直度观测。记录偏差，推算调整数值，将墩柱重新起吊少许，调节相应调节丝杆。垂直度和标高使用安放在 4 个角的 4 个液压千斤顶进行调整，测量密切配合。

4）注意事项

（1）在轴线上架设经纬仪，并控制经纬仪与预制柱的距离。保证经纬仪视线面与观测面相互垂直，以防止因测点偏差而产生测量偏差，尽量避免因遮挡而影响观测。

（2）吊装顺序应安排合理，首先吊装施工困难的预制墩柱，然后再吊装施工容易的预制墩柱。

（3）架设两台经纬仪来校准预制柱边缘与定位控制线位置，并通过在墩柱下方放置钢垫片的方法来调整柱垂直度。

（4）将斜撑杆与预制墩柱稳固连接（斜撑应相互垂直）。

9.2.4 墩柱吊装

1）吊装流程

（1）墩柱固定支架、预制套箍提前就位，预制墩柱运输至现场使用龙门式起重机竖起，吊点为柱内预埋吊钩（环），并应根据柱重量采取不同尺寸的吊钩。固定支架限位采用配重块限制竖向位移，支架根部插打钢筋限制水平位移。

（2）龙门式起重机从运输车辆上缓慢吊起墩柱，吊起后解除墩柱底部保护罩（图9-5）。

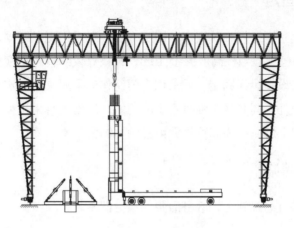

图9-5　墩柱起吊示意图

（3）龙门式起重机的天车行走，将墩柱吊至对应的桩头上方，缓缓落钩。当其降低至距定位装置及抱箍顶面45cm时，停止落钩。

（4）调整龙门式起重机位置和连接在墩柱上的钢丝绳，使墩柱对准抱箍缓慢下落，墩柱基本就位后停止落钩（图9-6）。

(a) 吊机配合起吊　　　　　　　　　　(b) 吊装就位

图9-6　墩柱吊装

2）吊装注意事项

预制墩柱装卸前检查施工环境，检查吊索是否完好、捆绑是否牢固，墩柱与其他物件不得接触、连接。

预制墩柱在吊装时应严格按起吊点起吊，起吊时吊索应等长，严禁偏心起吊。在吊装过程中，禁止柱出现大幅度晃动。

预制墩柱在吊装时应控制好尾端溜绳，防止因晃动造成墩柱边缘磕碰破损。

预制墩柱吊装时先将柱吊离地面500mm左右，对中后再缓慢升钩。移动到安装位置上方约500mm处之后，拉溜绳旋转墩柱到正确方位。

9.2.5 墩柱固定

墩柱就位后，应立即进行临时固定，固定方法一般采用无风缆固定法，在柱根部打入4个钢楔，使柱保持稳定。当柱高度大于10m，经核算仅靠打入钢楔尚不能使柱保持稳定时，应在4个方向加设缆风绳固定，或采用专门制作的金属临时固定架固定。定位架除了具有定位调整的功能外，同时具备临时固定的功能，故本项目采用缆风绳加临时固定架综合固定，柱子临时固定后龙门式起重机方可脱钩并卸去吊索。

9.2.6 墩身灌浆

墩柱就位后可进行灌浆施工，墩身灌浆示意见图9-7。

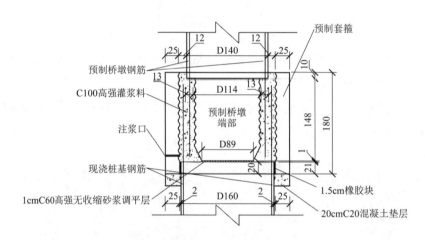

图 9-7 墩身灌浆示意图

灌浆料选用、施工、养护按照《水泥基灌浆材料应用技术规范》GB/T 50448—2008 执行。高强灌浆料技术指标如表9-3所示。

高强灌浆料技术指标　　　　表9-3

检测项目		性能指标
流动度	初值	≥300min
	30min	≥260min
抗压强度	1h	≥35MPa
	3h	≥60MPa
	28h	≥100MPa
竖向自由膨胀率	24h 与 3h 差值	0.02%～0.5%

续表

检测项目	性能指标
氯离子含量	≤0.03%
沁水率	0.00%

1）拌合工艺

由于本项目单台机位灌浆量小且运输距离长不宜使用强制式搅拌机在厂区集中拌合，故灌浆施工中采用 0.5m³ 砂浆搅拌机现场拌合。按照高强灌浆料设计要求，由实验室经过试验确定配合比，现场按配合比要求分别称好灌浆料与拌合水的重量，搅拌时先加入 2/3 的水搅拌，充分搅拌使拌合料团全部散开后，再加入剩余的 1/3 水量搅拌至均匀；差料量很小机械操作困难时，可以采用人工搅拌，但必须使浆液达到其设计技术指标。机械搅拌时间不得小于 120s，人工搅拌时间不得小于 180s。

2）灌浆工艺

工作面灌浆前，灌浆料即拌即用，尽量减少灌浆的入模时间，搅拌完成后必须在 30min 内使用完成，本项目灌浆采用压浆机进行"压力法灌浆"。

灌浆时浆液由套箍最底侧的注浆口通过压浆机注入，灌浆一旦开始，过程中应保证浆液充量，满足一次性注浆。由于墩柱拼装部位设计图纸为楔形端部，套箍为预制混凝土结构，注浆前应用清水彻底湿润墩柱端部及套箍内表面，但不得有积水存在。严禁在灌浆结束后，浆液上强期间磕碰套箍以免损坏部分灌浆层。

套箍外侧面应设置塑料薄膜，在浆液注满时保护结构不受外溢浆液污染。注浆直至溢浆溢出不少于 2s 为止，以利于排除设备与浆液之间的空气，使灌浆更密实。

灌浆所需设备见表 9-4。

灌浆所需设备表　　　　表 9-4

序号	设备名称	型号	数量
1	拌合水容器	广口 200L	2 只
2	搅拌设备	0.5m³ 立式砂浆搅拌机	3 套
3	电子秤	200kg	1 台
4	储浆桶	200L	1 个
5	压浆设备		1 套

3）养护

灌浆完毕 30min 内应立即加盖土工布，防止太阳暴晒，并保持土工布湿润，待浆体初凝后及时洒水养护，养护 7h 以上，防止浆体快速硬化，保证浆体的强度。

9.3 装配式盖梁施工

9.3.1 准备工作

盖梁安装前应对墩柱顶按预定高程进行凿毛,墩柱顶端进行精确高度处理。精确高度后的桩顶标高要求±10mm。

在盖梁拼装前应对外露钢筋进行除锈处理。

拆模后将盖梁弹线,主要用于校正盖梁轴线、标高和垂直度。首先将盖梁清扫干净,然后在顶面上弹出安装定位轴线,定位轴线根据盖梁预埋金属波纹管相对位置进行弹线并延伸至侧面和底面,具体按照盖梁灌浆金属波纹管设计平面位置执行。

柱顶在墩柱拼装时已提前弹出盖梁安装定位线。

拼装盖梁调整定位施工作业平台。

9.3.2 盖梁运输

盖梁运输采用与墩柱运输相同的运输车辆,其注意事项也与墩柱运输相同(图9-8、图9-9)。

图9-8 盖梁转运吊装图

图9-9 盖梁运输

9.3.3 盖梁安装

1)盖梁吊装

通过龙门式起重机吊装至相应墩柱上方,缓慢落钩,天车行走配合缆绳将墩柱伸出钢筋插入盖梁金属波纹管内。

盖梁吊装前先试吊,待盖梁下方到设计位置后,检查盖梁位置及标高后吊离预制盖梁。在预埋钢筋上安装止浆垫,并摊铺高强度无收缩水泥灌浆料之后正式吊装。

起吊至设计位置后缓慢下落将盖梁落至距预埋钢筋顶5~10cm后悬停,将套筒与钢筋位置精确对位后再将盖梁下放(图9-10)。

图 9-10　盖梁吊装

2）盖梁定位

预制桥墩与盖梁接缝处设置 2cm 厚的高强无收缩砂浆垫层，并在墩顶设置调节垫块，方便盖梁定位，调节垫块建议在墩顶中心设置 2cm 厚钢垫板，控制盖梁高程。

盖梁运输至现场后，测量人员进行偏位观测，记录偏差，推算调整数值，将盖梁重新起吊少许进行轴线调整，直至满足设计及规范要求将盖梁落在千斤顶上。平面位置就位后进行标高测量，并通过千斤顶进行纠偏。标高达到设计及规范要求后，推算钢砂筒高度，将钢砂筒调整好后，千斤顶顶起 1~2cm，使钢砂筒就位，千斤顶回油使盖梁落在钢砂筒上，撤出千斤顶进行下一工序。盖梁安装见图 9-11。

图 9-11　盖梁安装

9.3.4　盖梁灌浆

注浆锚固金属波纹管用于盖梁与立柱之间的连接，注浆锚固金属波纹管采用圆形增强金属波纹管，金属波纹管在距离盖梁底不小于 20mm 处，设置压浆口连接压浆管，上端设置出浆口连接出浆管，注浆完成后应及时清理残留在构件上的多余浆体。盖梁灌浆具体操作流程、养护及技术标准同墩柱灌浆。

灌浆应遵循以下工艺流程：灌浆料倒入搅拌设备→计量水量并称重→水倒入搅拌设备搅拌（不少于 30s）→设备高速搅拌（不少于 5min）→浆料倒入储浆装置→浆料倒入灌浆

设备并连接压浆口压浆→出浆口出浆→持续出浆（不少于2s）→停止压浆并塞入压浆塞→下一个波纹管压浆。波纹管注浆见图9-12。

图9-12　波纹管注浆

高强无收缩水泥灌浆料在拌浆时应该制取试块，并测定1d、7d和28d抗压强度养护时间不少于24h。注浆养护及盖梁墩柱封闭见图9-13、图9-14。

图9-13　注浆养护图　　　　图9-14　盖梁墩柱封闭

9.4　装配式箱梁施工

9.4.1　箱梁运输

箱梁运输流程见图9-15。

1）钢丝绳选定

根据现场的吊装重量选择合适型号的钢丝绳，对于30m箱梁最大重量为边跨边梁105t。采用两端捆绑式吊装，选用直径50mm钢丝绳。

2）运梁车选择

箱梁运输采用两部炮车，平车设24只轮胎，同时将各部平车安装转盘、转向轮及制动器，可以行走较小半径的道路。行走动力为柴油机自行驱动，同时设置三套制动系统，第一是减速器的飞轮制动器，第二是轮鼓制动器，第三是轮胎制动架。

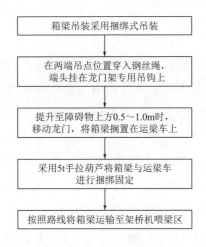

图 9-15 箱梁运输流程图

3）箱梁装车

箱梁吊装采用捆绑式吊装，吊点位置到背墙前缘线或桥墩中心线的垂直距离为 90cm。对于预制场存梁区内各项质量指标检验合格的箱梁，在两端吊点位置处穿入钢丝绳，端头挂在龙门架专用吊钩上，箱梁翼缘板下边口和底板两侧垫上护角钢板，用预制场大龙门式起重机起吊，提升至障碍物上方 0.5～1.0m 时，开动龙门式起重机驱动电源缓慢均匀地向运梁平车位置移梁。接近运梁车时，停止行走，降落至距离运梁车顶 0.5～1.0m 高度后再运梁到运梁车上搁置的具体部位。箱梁搁置在运梁车上后，为防止箱梁与运梁车之间分离，采用 5t 手拉葫芦将箱梁与运梁车之间进行捆绑固定，然后按照上述路线将箱梁运输至桥台安装的位置。

4）箱梁运输检查

梁片装运设专人指挥、检查轨道，专人操作，运输平稳运行；如发现有问题，应及时停车进行处理，确保无问题后，方可继续运输，保证构件安全。在运输过程中，要随时对支撑进行检查，保证支撑稳固，运至桥台后方路基上的双导梁架桥机下。沿桥面铺设运梁轨道，由轨道平板车运梁。箱梁吊运示意图可见图 9-16。

图 9-16 箱梁吊运

9.4.2 支座安装

在安装前，应检查产品合格证书中的有关技术性能，支座质量必须满足设计和有关规范的要求，如不符合设计要求时，不得使用。安装前将垫石顶面处清理干净，调平砂浆性能应符合设计要求，灌注要密实，不得留有空洞。支座不得发生偏歪、不均匀受力和脱空。

板式橡胶支座由橡胶支座及梁底预埋钢板组成。

端支点安装底模时，注意预埋钢板中心10mm厚埋入梁体现浇段混凝土内。当桥梁设置有纵横坡时，以梁底预埋钢板及支座垫石予以调整。

支座安装前技术人员必须对每个垫石中心线、垫石标高等进行复测，并放出支座中心线，及时提交测量技术交底，严格控制好支座顶面标高。工人根据支座中心点将支座中心线用墨线弹出做好明显标识，对不符合要求的支座垫石立即处理。

根据测量技术交底以及垫石中心线安装支座，支座顶面必须水平设置。对钢板锚固钢筋进行焊接，焊接采用双面焊，焊缝长度为两侧均不小于 $5d$。施工时注意安全，焊接时注意保护支座橡胶结构。

安装中支点处支座时，应在吊梁前将支座及钢板准备就位；吊梁时，在钢板顶面抹环氧砂浆一层；主梁就位后，放置于临时支座上。当桥梁设置有纵横坡时，以梁底环氧砂浆予以调整，主线桥梁底环氧砂浆整平中心露出梁底10mm。

工人将梁体连接主筋进行焊接，焊接完成后，将垫石上的焊渣、垃圾清理干净，并将盖梁顶垃圾清理干净。

支座安装高度应符合图纸要求，要保证支座支承面四角高差不大于2mm。

9.4.3 箱梁安装

1）架桥机跨孔

（1）第一步：顶起前支腿、后支腿千斤顶。利用手拉葫芦吊起中托及中支横移轨道前，天车带动中托及中支横移轨道向前移动至预定位置，中支横移轨道下支垫木块。收起前支腿、后支腿千斤顶，支稳中托及中支横移轨道。

（2）第二步：收起后托千斤顶，利用手拉葫芦吊起后托，后天车带动后托前移20m，后托下支垫木块，顶起后托千斤顶，支稳后托。

（3）第三步：收起后支腿、前支腿千斤顶。利用手拉葫芦将前支横移轨道固定到主梁与前支腿同步前移，前天车挂箱梁配重，驱动纵移电机，将主梁向前移动20m。两天车同时向后移动，顶起后支腿千斤顶，支稳后支腿。

（4）第四步：收起后托千斤顶，利用手拉葫芦固定后托，天车携带后托及配重梁向前移动20m。后托下支垫木块，顶起后托千斤顶，支稳后托。

（5）第五步：收起后支腿千斤顶，驱动纵移电机，两天车同时向后移动，保持与桥面相对静止，将主梁继续向前移20m，使前支腿到达预定位置。

（6）第六步：顶起前支腿千斤顶固定前支腿横移轨道，并用销轴穿好。

至此，架桥机跨孔完毕，具备架梁条件。

2）箱梁架设

运梁小车将箱梁运至指定地点后，等待架桥机提梁小车提梁，如图9-17所示。

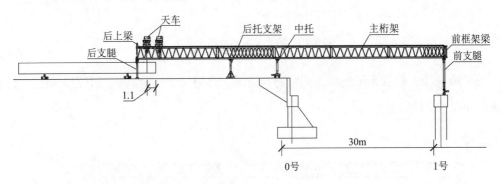

图9-17 箱梁架设示意图（一）

运梁炮车将箱梁运送至架桥机尾部，与架桥机卷扬台车配合喂梁，喂梁工况图示说明如下。

（1）第一步：架桥机前端天车将箱梁前端起吊，待箱梁前端底部离开前轨道平车为止（梁底与前轨道平台之间的间距≥10cm），停止起吊工作，如图9-18所示。

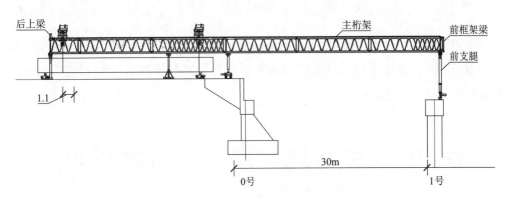

图9-18 箱梁架设示意图（二）

（2）第二步：箱梁前端起吊离开前轨道平车之后，前天车沿着架桥机主导梁之上的轨道、后轨道运梁平车沿着轨道平车用轨道，同步、同向向前行驶，直到箱梁的后端起吊吊点进入后天车的起吊范围内，停止前天车与后轨道平车的行驶工作；后端天车将箱梁后端起吊。如图9-19所示。

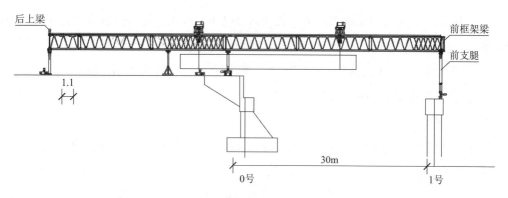

图9-19 箱梁架设示意图（三）

（3）第三步：前后天车同步、同向向前行驶，将箱梁吊运至其就位点的大概位置停止行驶，如图9-20所示。

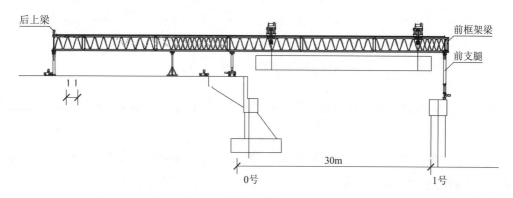

图9-20 箱梁架设示意图（四）

（4）第四步：通过架桥机主车的左右横向位置移动（用来调整箱梁的横向位置）以及天车的前后纵向位置移动（用来调整箱梁的前后位置），将箱梁移动于其就位点上定位，定位准确后落钩就位。如图9-21所示。

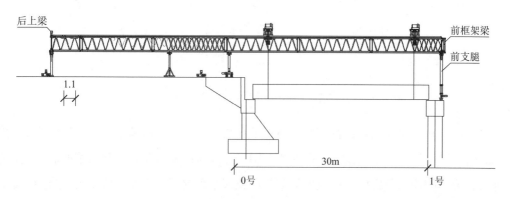

图9-21 箱梁架设示意图（五）

（5）第五步：复核箱梁的就位尺寸，准确无误后方可摘钩，准备下一片箱梁的安装工作。

3）整体安装

（1）第一孔和第二孔箱梁安装

第一孔箱梁由大龙门式起重机直接吊装到位，在第一孔和第二孔上拼装架桥机，使架桥机处于第二孔安装状态；架桥机拼装就位后，由运梁车将第二孔箱梁运至孔位，由两台130t 汽车起重机将第二孔的 1~8 号梁依次安放在 1 号梁位置处，架桥机横移箱梁至设计位置（图 9-22、图 9-23）。

图 9-22　130t 汽车起重机吊装第二孔 1 号箱梁

图 9-23　架桥机横移第二孔 1 号箱梁，汽车起重机继续吊装 2 号箱梁

（2）第三孔以后箱梁安装

在第一孔和第二孔桥位侧设置上梁平台，上梁平台由临时支架、道轨、横移平车组成。在第一孔桥面和临时支架上铺设横向移梁道轨，安装横移平车。

横移平车千斤顶完全出顶，将扁担梁顶起，由大龙门式起重机将箱梁吊起放至横移平车上（图 9-24）。龙门返回，横移平车开始横移（图 9-25）。

图 9-24　提梁至横移小车上

图 9-25　梁体横移

通过横移平车将箱梁横移至轮胎式运梁车位置，横移平车千斤顶回顶，将箱梁落在轮胎式运梁车上，横移平车返回至起始位置。

通过轮胎式运梁车将箱梁运输至架桥机位置，架桥机通过纵移、横移完成箱梁的安装工作（图 9-26）。

图 9-26　轮胎式运梁车喂梁至架桥机

9.5　装配式 T 梁施工

9.5.1　施工工艺流程

T 梁施工工艺流程见图 9-27。

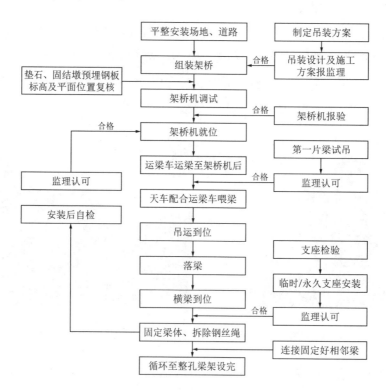

图 9-27　T 梁施工工艺流程图

9.5.2 施工前准备工作

1）架桥机拼装区域平整，运梁通道通畅。

2）架桥机拼装完成并验收合格。

3）复测和检查固结墩顶预埋钢板和永久支座垫石平面位置、顶标高、平整度，检查支座锚栓预留孔深度及位置，对不合格之处提前处理。

4）永久支座全部进场并验收合格。

5）施工设备准备就位：200t 架桥机 1 台、运梁车 2 辆、临时支座、临时支座专用砂、撬棍、线坠、水准仪、大锤、运梁车过孔钢板（厚度不小于 30mm）、焊机、支撑圆木（直径不小于 10cm）、枕木、捯链（5t）、兜梁钢丝绳（单根承重 100t）。

9.5.3 支座安装

1）永久支座安装

在 T 梁架设前，支座垫石强度达到设计强度 100% 且混凝土密实。测量班仔细核对支座垫石标高、位置及预留锚栓孔位置是否正确，在确认无误后进行永久支座安装；支座安装前，根据垫石中心点用墨线在垫石上弹出支座纵向和横向中心线，依据中心线安装永久支座，并保证支座位置、标高、平整度的准确性，且支座底面与支承垫石间密贴。永久支座安装时注意事项如下：

（1）40mT 梁所用支座类型分为 GJZF4 四氟滑板橡胶支座(400mm × 450mm × 123mm 顺桥向滑动)和 GJZ 板式橡胶支座（600mm × 600mm × 110mm）。

（2）如果垫石顶标高高于设计标高，则用电锤将其凿至低于设计高程 10~20mm 后，通过灌浆料抹平至设计高程；如果垫石顶标高低于设计标高，则先将垫石顶面凿毛，再用灌浆料抹平至设计标高。

（3）四氟滑板橡胶支座下钢板与垫石之间通过锚栓连接，在调整好支座位置及顶高程后，灌入支座灌浆料，拧紧螺栓和钢板连接螺母（梁体落于四氟滑板橡胶支座前，灌浆料强度达到设计强度 100%）。

2）临时支座安装

临时支座砂筒由无缝钢管加工制成，砂筒装砂后在实验室依照预定的吨位进行预压，测定砂筒承载后筒内细砂压缩沉降量，以此作为实际安装临时支座时预留沉降量参考值，以保证梁体标高。在架设第一孔梁体后复测实际梁体标高，进行砂筒预留沉降量的调整，为以后架设的梁体预设砂筒标高提供数据。除固结墩顶和 T 梁非连续端外，安放 T 梁连续端临时支座时，按照测量班放出的临时支座支承点放置并保证单端用 2 个临时支座支撑，临时支座安装完后对其稳固性及顶面高程进行检查。

9.5.4 T 梁运输

运梁车到达梁厂后暂时停放在指定位置，龙门式起重机吊起一片 T 梁后，将运梁车开进龙门式起重机下面，调整好位置，龙门式起重机慢慢地把T梁放入运梁车，运梁车作业人员把T梁固定好，T梁装车时应做好以下工作：

（1）龙门式起重机起吊T梁之前，应将梁上杂物清理干净，检查T梁梁号、外部结构尺寸、T梁强度报告是否正确和符合设计及规范要求，否则不能吊装T梁。

（2）运梁车在进入预制梁厂前要对运输车辆各部分进行检修，确保运梁时工作正常，T梁装车后先试运行，并检查运梁车制动系统是否安全可靠。

（3）运梁车进入龙门式起重机内摆放好位置，龙门式起重机吊起T梁，当梁体在运梁车正上方距离装梁平台20cm高度时，将T梁慢慢放入运梁车；梁体放置时，梁的重心确保与运梁车纵向中线重合，运梁车支承点位于端横隔梁位置梁肋中心处。

（4）龙门式起重机将T梁落入运梁车上后，固定钢丝绳从T梁顶面穿过，钢丝绳两头用捯链与梁车托架拉紧并用斜撑将T梁固定，以防止T梁发生倾覆事故。指挥员确定支撑和捯链加固可靠后，方可摘除提梁钢丝绳。运梁车开始运梁前必须经过各项安全措施检查，确保安全后方可放行拉运。

每套运梁车采用4个5t捯链固定，所用钢丝绳必须固定牢固。

准备工作完成并经检查后，下达指令，司机方可启动运梁车开始运梁。

运梁中监护人员应随时观察梁体情况，如发现梁体位移、摇动，斜支撑松动，捯链固定异常及发生异常声响时，必须及时停车整查，采取加固措施或排除故障，经安全员检查确保安全后方可继续行驶。

运行速度根据路况确定，一般不超过3km/h。

9.5.5 T梁架设

1）架桥机架梁流程

T梁架设按照整幅推进的形式进行，安装时按照从两边向中间的顺序进行。

（1）提梁

运梁车到达架桥机附近时暂时停车，等候架桥机指挥员的指挥；在吊梁时当梁体吊离运梁车20～30mm时，要暂停起吊，对各重要受力部位和关键处进行观察，确认一切正常后方能继续起吊。在起落梁过程中，要保持梁体水平，满足梁体横向倾斜度最大不得超过2%的要求并采取制动防滑措施。

（2）喂梁

喂梁过程中，全体架梁操作施工人员须听从架桥机指挥员的指挥，监护人员认真做好监护，严禁碰撞架桥机的任何部位。喂梁结束后，运梁车及时退至架桥机的后部，不得影响架桥机的横移作业。喂梁时，起重小车吊起梁体的起吊高度必须超过架桥机承重梁顶面；出梁时，梁的前后端下落要基本一致，严禁梁的尾端碰撞架桥机承重梁。

（3）移梁

架桥机通过前后转向车在横移轨道上行走来实现梁的横移就位，整机吊梁横移时预制梁必须尽量落下，贴近墩台横行。T 梁架设时使用慢速（图 9-28），并检查架桥机限位距离是否准确。

图 9-28　T 梁架设

（4）落梁

梁体就位后，按照垫石中心纵横向十字交叉线确定梁体中心线和端头线后落梁，支座顶面与梁底应密贴，不密贴处加设薄钢板调整。

2）架设 T 梁时要特别注意梁体的临时加固

（1）采用直径不小于 10cm 的圆木对 T 梁端横隔板梁肋位置进行支撑，防止梁体偏重发生倾覆，支撑时圆木一端支撑在梁上，另一端支撑在帽梁上，帽梁上支撑端圆木采取可靠措施防止圆木滑动，必要时打设防滑钢筋。

（2）对于有坡度的桥梁，为防止梁体发生纵向滑动，在梁体下坡端设置支撑，在梁体上坡端采用捯链拉住的方式作为梁体纵向防滑措施。

（3）湿接缝、横隔板钢筋焊接：焊接前必须根据施工条件进行试焊，合格后方可正式施焊，施焊前应将连接筋上的混凝土溅渣、油污和铁锈除净。

（4）在架设好的梁体上运梁行车时，要注意需将车的轮迹落在梁肋上，行车时要有专人指挥。

（5）钢丝绳兜梁时，钢丝绳与梁体接触部位必须放入卡具并垫入土工布或者橡胶皮，以防止钢丝绳破坏梁体。

9.6　交工验收组织机构

成立交工验收领导小组，由公司质量安全部负责人任组长，项目经理任副组长，公司相关科室及项目技术负责人和各专业技术员、项目现场管理人员及勘察、设计、施工、监理单位与项目无直接关系的技术负责人或质量负责人为主要成员。

验收小组负责审查工程建设的各个环节，听取各有关单位的工作报告，审阅工程档案资料并实地查验建筑工程和设备安装情况，并对工程设计、施工和设备质量等方面作出全面评价。不合格的工程不予验收；对遗留问题提出具体解决意见，限期落实完成。

9.7 交工验收条件

建设单位在收到施工单位提交的工程竣工报告并具备以下条件后，方可组织勘察、设计、施工、监理等单位有关人员进行竣工验收：

（1）完成了工程设计和合同约定的各项内容。

（2）施工单位对竣工工程质量进行了检查，确认工程质量符合有关法律、法规和工程建设强制性标准，符合设计文件及合同要求，并提出工程竣工报告。该报告应经总监理工程师（针对委托监理的项目）、项目经理和施工单位有关负责人审核签字。

（3）有完整的技术档案和施工管理资料。

（4）单位工程所含分部工程有关安全和功能的检测资料完整；主要功能项目的抽查结果符合相关专业质量验收规范的规定，观感质量符合要求。

（5）建设行政主管部门及委托的工程质量监督机构等有关部门责令整改的问题全部整改完毕。

（6）对于委托监理的工程项目，具有完整的监理资料，监理单位提出工程质量评估报告，该报告应经总监理工程师和监理单位有关负责人审核签字。未委托监理的工程项目，工程质量评估报告由建设单位完成。

（7）勘察、设计单位对勘察、设计文件及施工过程中由设计单位签署的设计变更通知书进行检查，并提出质量检查报告。该报告应经该项目勘察、设计负责人和各自单位有关负责人审核签字。

（8）有规划、消防、环保等部门出具的验收认可文件。

（9）有建设单位与施工单位签署的工程质量保修书。

9.8 交工验收程序

1）工程完工后，施工单位向建设单位提交工程竣工报告，申请工程竣工验收。实行监理的工程，工程竣工报告必须经总监理工程师签署意见（施工单位在工程竣工前，通知质量监督部门对工程实体进行到位质量监督检查）。

2）建设单位收到工程竣工报告后，对符合竣工验收要求的工程，组织勘察、设计、施工、监理等单位和其他有关方面的专家组成验收组，制定验收方案。

3）建设单位应当在工程竣工验收 7 个工作日前将验收时间、地点及验收组名单通知负责监督该工程的工程监督机构。

4）建设单位组织工程竣工验收

（1）建设、勘察、设计、施工、监理单位分别汇报工程合同履行情况和在工程建设各个环节执行法律、法规和工程建设强制性标准的情况。

（2）审阅建设、勘察、设计、施工、监理单位提供的工程档案资料。

（3）查验工程实体质量。

（4）对工程施工、设备安装质量和各管理环节等方面作出总体评价，形成工程竣工验收意见，验收人员签字。

参与工程竣工验收的建设、勘察、设计、施工、监理等各方不能形成一致意见时，应报当地建设行政主管部门或监督机构进行协调，待意见一致后，重新组织工程竣工验收。

第五篇

提升篇

第10章
C100 大流态无收缩水泥及灌浆料研发与应用关键技术

10.1 原材料与试验方法

10.1.1 试验原材料

1）水泥

本次试验水泥选取 P·Ⅱ 52.5 强度等级的硅酸盐水泥，具体参数可见表 10-1。

水泥参数表　　　　　　表 10-1

性能	计量单位	指标
比表面积	m²/kg	386
标准稠度用水量	%	27.7
初凝时间	min	125
终凝时间	min	179
安定性（煮沸法）	—	合格
氧化镁含量	%	0.80
三氧化硫含量	%	2.50
碱含量	%	0.57
氯离子含量	%	0.02
烧失量	%	2.83
不溶物	%	0.49

2）砂

本次试验所用砂为天然河砂，试验在选取砂用料时主要考虑砂粒的粒径和取材的便捷性。试验所用砂子粒径不超过 2.36mm，经筛取分析砂子的粒径在 0.08～2.36mm，细度模数为 2.34。

3）掺合料

（1）矿粉

采用的矿粉为某公司生产的 S95 级矿粉，需水量比为 96%，矿粉密度为 2.85g/cm³，比表面积为 456m²/kg，28d 活性指数为 97%，化学组分见表 10-2，各项指标符合《用于水泥和混凝土中的粒化高炉矿渣粉》GB/T 18046—2008 中 S95 级矿粉的要求。

矿粉的化学成分   表 10-2

化学成分	SiO_2	Al_2O_3	Fe_2O_3	CaO	MgO	K_2O	Na_2O	烧失量
量/%	35.1	14.83	1.56	35.7	9.8	0.63	0.32	2.06

（2）粉煤灰

本次试验所用粉煤灰为 Ⅱ 级粉煤灰，由广州市天达混凝土拌合站提供。其中，表观密度为 2200kg/m³，粉煤灰物理性能及化学成分见表 10-3。提纯后可得到更细颗粒的粉煤灰微珠，纯度可以达到 98%。

粉煤灰物理性能及化学成分   表 10-3

密度/（kg/m³）	含水率/%	细度/%	烧失量/%	氧化镁/%
548～560	0.1	1.5～4.1	1.66	0.80～0.87
三氧化硫/%	三氧化二铁/%	三氧化二铝/%	二氧化硅/%	氧化钙/%
0.31～0.38	5.21～6.36	35.68～38.64	50.90～51.48	2.5～3.0

（3）硅灰

本试验所用的硅灰为埃肯公司出品的 94 级硅灰，密度为 2.26g/cm³，比表面积为 22200m²/kg，需水量比为 122%，其 28d 活性指数为 93%，化学组分见表 10-4，各项指标符合《砂浆和混凝土用硅灰》GB/T 27690—2011 中的要求。

硅粉的物理性能及化学成分   表 10-4

项目	SiO_2/%	烧失值/%	碱含量/%	活性度（7d）/%	密度/（kg/m³）	细度指数
检验结果	93	2.5	3.0	120	2700	18500
规范要求	80	5	—	90	—	15000

4）外加剂

（1）减水剂

减水剂采用西卡（中国）有限公司生产的 08-sika vicocrete20sp 粉末状聚羧酸高性能减水剂，各项指标符合《混凝土外加剂》GB 8076—2008 中的要求，外观为白色粉末，易溶于水，性能参数见表 10-5，掺量按照说明计算。

减水剂性能参数　　　　　　　　　　　　　　　　　　　表 10-5

减水剂类型	含固量/%	密度/（g/L）	pH 值	减水率/%	外观
聚羧酸减水剂	98	550	6.5	35	白色粉末

（2）消泡剂

试验所用消泡剂是白色粉末状的有机硅消泡剂。该类消泡剂与矿物油类、醇类、脂肪酸类等消泡剂比有着以下优点：有较强的消泡性能，快速的破泡能力，扩散性、渗透性好，化学性稳定、耐氧化性强，挥发性低，对环境无毒害，无生理惰性，使用范围广等。

（3）膨胀剂

试验所用膨胀剂为塑性膨胀剂和 UEA 膨胀剂，具体如下：

①试验所用塑性膨胀剂是以铝矾土矿物为主要材料，在氮气气氛下，在炭和氧化钙存在的条件下，经 1700℃高温烧结后产品经表面处理磨细而成。塑性膨胀剂作用机理是在灌浆料浆体塑性阶段时与浆体中的水分反应释放出气体形成均匀的气泡孔，从而使灌浆料在塑性阶段就可进行一定量的微膨胀。该膨胀剂外观为黄色粉末，平均粒径为 3.9μm ± 0.6μm，氯离子含量在万分之一以下，因此对于本项目不会引起混凝土中钢筋的锈蚀。

②试验所用 UEA 膨胀剂为硫铝酸钙类混凝土膨胀剂，不含钠盐，不会引起混凝土的碱骨料反应，膨胀性能稳定，强度持续上升。早期主要以无水硫酸铝钙作为膨胀源，中期主要以明矾石为膨胀源，其指标均符合《混凝土膨胀剂》GB/T 23439—2017 中的各项要求。

5）灌浆套筒

试验采用利物宝建筑科技有限公司提供的全灌浆套筒，其主要性能见表 10-6。

全灌浆套筒的主要性能　　　　　　　　　　　　　　　　表 10-6

检验项目	抗拉强度σ_b/MPa	断后伸长率δ_s/%	球化率/%	硬度/HBW
性能指标	622	13	85	196

6）钢筋

试验采用 HRB400 级的钢筋，直径均为 20mm。取 3 根长度为 40cm 的钢筋进行性能测试。试验结果表明，钢筋具有明显的弹性、屈服、强化和颈缩阶段。钢筋主要性能见表 10-7，符合规范《钢筋混凝土用钢 第 2 部分：热轧带肋钢筋》GB/T 1499.2—2018 的要求。

钢筋的主要性能　　　　　　　　　　　　　　　　　　表 10-7

试件编号	屈服荷载/kN	峰值荷载/kN	断后伸长率/%
1	150.86	205.55	29.1
2	151.99	201.55	28.5
3	152.53	204.35	28.8
平均值	151.79	203.82	28.8

7）灌浆机

试验采用河北创胜建筑机械有限公司生产的斜式灌浆机，其料斗容积50L，输出压力3MPa，输送流量1m³/h。

10.1.2 试验方法

1）灌浆料试件的成型与养护

（1）试件成型

常温型套筒灌浆料的成型：试验前24h将原材料和搅拌锅等放入20℃的恒温实验室中存放，并依照规范《钢筋连接用套筒灌浆料》JG/T 408—2013的规定，于相对湿度大于50%的实验室成型灌浆料。试验过程中按灌浆料配合比，将所有原材料加入水泥胶砂搅拌锅中，干拌30s将材料搅拌均匀后，在10s内加入适量20℃的水，并按JJ-5型水泥胶砂搅拌机的设定程序自动搅拌240s，搅拌完成后将灌浆料灌入各模具。

（2）试件养护

试验采用了标准养护和低温养护两种养护方式。其中，标准养护是指养护温度为20℃。灌浆料搅拌完成后先测初始流动度，再将剩余浆料分别倒入搅拌锅、膨胀率测定装置和棱柱体试模，并用塑料薄膜覆盖，防止灌浆料水分蒸发，放入对应温度的养护箱养护。30min后取出搅拌锅再次测定流动度，3h和24h后分别打开养护箱读取膨胀率数据，1d、3d、28d后取出棱柱体试模中的试件测定抗压强度。

2）灌浆料流动性能测试

依照《钢筋连接用套筒灌浆料》JG/T 408—2013 附录A的规定，采用下口内径100mm±0.5mm，上口内径70mm±0.5mm，高60mm±0.5mm的截锥圆模和尺寸为500mm×500mm的玻璃板。首先湿润玻璃板和截锥圆模内壁且无明水，将截锥圆模放置在玻璃板中间位置；然后将灌浆料倒入截锥圆模，直至浆体与截锥圆模上口齐平；缓缓提起截锥圆模，让浆体在无扰动的条件下自由流动直至停止。测量浆体最大扩散直径及与其垂直方向的直径，计算平均值，精确到1mm，作为流动度初始值。测量好流动度初始值后，将玻璃板上的浆体装入搅拌锅内，并用塑料薄膜覆盖，防止灌浆料水分蒸发。加水拌合后30min，将搅拌锅内浆体按上述步骤继续试验，测定30min流动度的保留值，如图10-1所示。

3）灌浆料力学性能测试

灌浆料力学性能测试试验依照《水泥胶砂强度检测方法（ISO法）》GB/T 17671—1999将灌浆料灌入尺寸为40mm×40mm×160mm的棱柱体试模，并用塑料薄膜覆盖，防止灌浆料水分蒸发。将装有浆体的试模在成型室内静置2h后移入养护箱，并于1d、3d、28d取出测定抗压强度值。

第10章 C100大流态无收缩水泥及灌浆料研发与应用关键技术

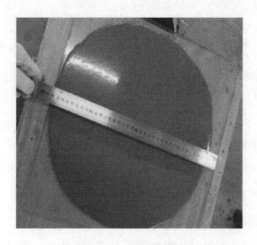

图 10-1　流动度测试

4）灌浆料竖向膨胀性能测试

装配式建筑灌浆料的膨胀性测试采用《混凝土外加剂应用技术规范》GB 50119—2013 附录 C 中相关要求进行，竖向膨胀率测定仪如图 10-2 所示。

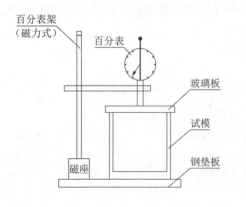 

图 10-2　竖向膨胀率测定仪

试验具体步骤如下：

（1）在 20℃±2℃的养护室内，将 100mm×100mm×100mm 的钢模刷好油放置在长 250mm×宽 250mm×厚 15mm 的钢垫板上，整体水平放置在工作台上；

（2）将长140mm×宽80mm×厚5mm 的玻璃板水平放置在钢模中心，左右两边各留 10mm 空隙并轻轻按压。灌浆料从一侧倒入试模，直至另外一侧有灌浆料溢出玻璃板并高出大约 2mm。用浸润过的棉丝覆盖两侧的浆体，测量全程尽量使棉丝湿润且试件不能受振动；

（3）将磁力表架固定在钢垫板上，尽量靠近试模，缩短横杆悬臂长度。在表架卡头安装百分表，固定牢固且不可前后左右倾斜；

（4）将百分表的测量头垂直放置在玻璃板接近中心的位置，同时下压表头，使指针指到大约量程 1/2 的位置，将磁力架安装牢固并读取此时读数作为初始读数h_0；

（5）自加水拌合时起，3h 读取百分表读数h_{t1}，24h 读取百分表读数h_{t2}；

（6）竖向膨胀率计算方法按照下式计算：

$$\varepsilon_t = \frac{h_t - h_0}{h} \times 100 \tag{10-1}$$

式中：ε_t——竖向膨胀率；

h_t——龄期为t时的百分表读数（mm）；

h_0——百分表的初始读数（mm）；

h——试件的基准高度，取 100mm。

注：测量结果取一组三个数据的平均值，计算精度精确至 0.1。

10.2 C100大流态无收缩水泥基灌浆料专用功能助剂研发

本节主要探究了不同减水剂、消泡剂、膨胀剂用量对灌浆料的流动性能、力学性能、竖向膨胀性能的影响规律，从而进一步找出一种使灌浆料性能表现优异的复配外加剂。

10.2.1 减水剂对灌浆料性能的影响

1）对灌浆料流动性能的影响

减水剂对流动度的影响见表 10-8。

减水剂对流动度的影响　　　　表 10-8

水胶比	胶砂比	减水剂/%	膨胀剂/%	消泡剂/%	粉煤灰/%	矿粉/%	硅灰/%	初始流动度/mm	30min 流动度/mm
0.22	1	1	0.02	0.20	6	6	6	310	255
0.22	1	1.2	0.02	0.20	6	6	6	335	305
0.22	1	1.4	0.02	0.20	6	6	6	345	320
0.22	1	1.6	0.02	0.20	6	6	6	365	335
0.22	1	1.8	0.02	0.20	6	6	6	370	340

如图 10-3 所示为改变早强型聚羧酸减水剂时灌浆料初始流动度和 30min 流动度保留值的变化情况，由图可以看出，在本次试验中减水剂使用量最低时（1%），其初始流动度最低，并且 30min 的流动度保留值最低，半小时内流动度损失值为 55mm。

当减水剂用量从 1%逐渐增加到 1.8%时，可以看出灌浆料的扩展度在逐步增加；并且当减水剂用量从 1%增至 1.2%时，灌浆料的流动度增长幅度最大，增加了 20mm 的扩展度，半小时的流动损失值为 20mm，流动度损失减少了 35mm；当减水剂由 1.6%增为 1.8%时，灌浆料流动度的增长幅度最小，仅增加了 5mm 的扩展度。

第10章 C100大流态无收缩水泥及灌浆料研发与应用关键技术

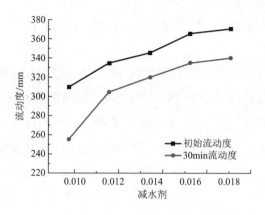

图10-3 减水剂对流动度的影响曲线

从各不同早强型聚羧酸减水剂用量试验组的初始流动度和30min流动度保留值的结果可以看出，当减水剂的用量较小时，灌浆料浆体的流动度低，试验测量中，当扩散度小于290mm时，浆体的扩散通常表现出中部浆体较多，边缘浆体少的特点。当减水剂的用量增大时，流动度增大，试验测量中发现一般当流动度大于300mm时，灌浆料的浆体扩散程度会较好，呈饼状均匀分布，并且随着早强型减水剂用量的增大，其早强效果对半小时的流动度损失的影响将有所减小，能更好地保证30min时灌浆料的流动性能。当减水剂用量达到一定程度后，继续增加减水剂用量，对灌浆料流动度的增长会大大降低，提升幅度很小；过度的使用减水剂还有可能导致灌浆料出现泌水，导致材料出现质量缺陷。

2）对灌浆料力学性能的影响

减水剂对灌浆料强度的影响见表10-9。

减水剂对灌浆料强度的影响　　　　表10-9

水胶比	胶砂比	减水剂/%	膨胀剂/%	消泡剂/%	粉煤灰/%	矿粉/%	硅灰/%	1d抗折/MPa	1d抗压/MPa	3d抗折/MPa	3d抗压/MPa	28d抗折/MPa	28d抗压/MPa
0.22	1	1.0	0.02	0.2	6	6	6	7.9	42.1	9.8	69.2	15.4	98.7
0.22	1	1.2	0.02	0.2	6	6	6	8.3	46.7	11.8	72.8	14.9	96.5
0.22	1	1.4	0.02	0.2	6	6	6	8.5	47.9	11.9	74.7	16.7	101.2
0.22	1	1.6	0.02	0.2	6	6	6	8.6	43.3	10.7	73.1	15.2	96.5
0.22	1	1.8	0.02	0.2	6	6	6	8.4	46.8	11.1	75.1	15.6	100.2

图10-4为改变早强型减水剂用量时灌浆料1d、3d、28d抗折强度的变化，在本次5个不同早强型减水剂用量试验组结果中可以看出，1d、3d、28d各龄期抗折强度结果变化规律不同。如图10-4所示，1d的抗折强度在早强型减水剂用量为1.0%时最低，强度值为7.9，但是总体上各试验组1d抗折强度相差不大，最大相差0.7MPa。3d的抗折强度，在本次试验配比范围内都整体上呈现出随着早强型减水剂用量增加，强度先增大再减小的规律。从图中可以看出28d的抗折强度规律性较差，但总体上也可以看作在早强型减水剂用量超过

1.4%前，早强型减水剂用量增加，抗折强度随之增高；超过1.4%后，再次增加用量，强度会随之降低。

图10-5为改变早强型减水剂用量时灌浆料1d、3d、28d抗压强度的变化，由图可以看出，对于抗折强度的结果，1d、3d两个龄期所表现出来的规律大抵相同，28d的规律则与前两个龄期的不同。1d和3d时，在早强型减水剂用量1.0%~1.6%的范围内，随着早强型减水剂用量的增加抗压强度先增加再降低，尤其是在1d时，强度变化幅度较为明显；在早强型减水剂用量继续增加到1.8%时，抗压强度又有了提高。28d的抗压强度则与抗折强度相同，规律性较差，但还是能看出试验范围内，抗压强度峰值表现在早强型减水剂用量1.4%的试验组，大于峰值用量前，早强型减水剂用量增加，对套筒灌浆料的抗压强度增加有益；大于峰值用量后，早强型减水剂用量增加，对套筒灌浆料的抗压强度有害。在本次试验中，减水剂用量为1.8%的试验组在成型过程中出现泌水现象。

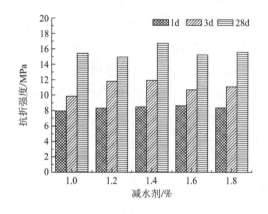

图10-4　减水剂对抗折强度的影响　　图10-5　减水剂对抗压强度的影响

不同于普通的聚羧酸减水剂，早强型聚羧酸减水剂对于套筒灌浆料的强度性能有着很大影响，尤其是对于早期抗压强度的影响极为明显。对于本次试验，各龄期强度在达到峰值前，总体上呈现先增大后减少趋势。从图10-4和图10-5的结果中可以看出，早强型减水剂对于灌浆料的强度影响具有两面性。当早强型减水剂用量在适量范围内持续增加时，由于早强型减水剂中的早强效果，使灌浆料1d和3d的强度持续增加；并且由于减水剂的吸附-分散作用，使52.5级硅酸盐水泥颗粒在灌浆料的浆体中较为分散，增大了水泥的水化反应面积，使材料的水化反应更加充分，从而增大各龄期的强度。但是，该早强型减水剂的缺点是在帮助水泥更好的水化的同时，会产生很多的气体，这些气体会在套筒灌浆料凝结硬化以后使其内部结构存在很多孔隙，因此当该早强型减水剂用量过多时，会因为灌浆料内部孔隙增多而使材料的强度降低。

如图10-5所示，其1d、3d、28d各龄期抗压强度在减水剂用量为1.8%时比1.6%时要大，与上述减水剂的两面性有冲突。原因分析如下：

①试验称量误差、原材料出场时间间隔过大、试验温度不同等原因造成减水剂用量为1.8%时的抗压强度比减水剂用量为1.6%时大。

②试验时,由于减水剂用量较大,用量为1.8%的试验组存在稍微的泌水现象。因为微量泌水的缘故,导致该试验组的水胶比降低,从而导致该试验组比减水剂用量为1.6%时抗压强度大。

10.2.2 消泡剂对灌浆料性能影响

1) 对灌浆料流动性能的影响

消泡剂对灌浆料流动度的影响见表10-10。

消泡剂对灌浆料流动度的影响   表10-10

水胶比	胶砂比	减水剂/%	膨胀剂/%	消泡剂/%	粉煤灰/%	矿粉/%	硅灰/%	初始流动/mm	30min 流动度/mm
0.22	1	1.50	0.02	0.0	6	6	6	330	320
0.22	1	1.50	0.02	0.1	6	6	6	335	325
0.22	1	1.50	0.02	0.2	6	6	6	335	320
0.22	1	1.50	0.02	0.3	6	6	6	325	310

如图10-6所示为改变消泡剂时灌浆料初始流动度和30min流动度保留值的变化情况,由图可以看出,消泡剂对套筒灌浆料流动度的影响有着两面性,即达到初始流动度和30min流动度峰值前,流动度会随着消泡剂的用量增加而增大;达到峰值以后,流动度会随着消泡剂的用量增加而减小。当消泡剂用量从0增至0.1%时,初始流动度由330mm变为335mm,增长了5mm;当消泡剂用量从0.2%增至0.3%时,流动度由335mm下降为320mm,下降了10mm。

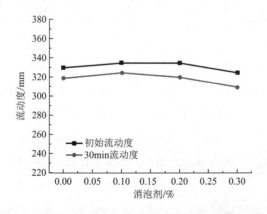

图10-6 消泡剂对流动度的影响曲线

从各不同消泡剂用量试验组的初始流动度和30min流动度保留值的结果可以看出,消泡剂用量对灌浆料流动度的影响规律是先增加流动度再降低流动度,并且超过峰值以后使用消泡剂,对于流动度降低的幅度要比峰值前流动度的增加幅度大。

消泡剂在灌浆料的组成成分中是一种容易被吸附的材料,因此消泡剂可以被灌浆料浆体中的气泡吸附,降低气泡表面水膜的黏度从而使气泡破裂,达到减少灌浆料内部气泡的作用;同时消泡剂还有着抑泡的作用,即消泡剂不仅能够使已存在的泡沫破灭,同时还能较长时间地保持破泡作用。从消泡剂的工作机理来看,消泡剂用量越大,灌浆料浆体的气泡就越少,其他条件不变的情况下,浆体中的游离水就越多,流动性应越大。但如图 10-6 所示的实际结果中,过量的消泡剂反而会降低灌浆料的流动性。灌浆料中的另一种组成成分是减水剂,减水剂有着吸附作用,在工作中会吸附一定的气泡并在气泡表面形成与水泥相同的电荷,因此造成了气泡与气泡、气泡与水泥颗粒因电荷相同而相互排斥,产生一定的斥力,这些斥力会加大灌浆料浆体的扩展度,增大灌浆料的流动性能。从两种材料的工作机理分析,消泡剂用量较多时会导致这部分气泡也一同破裂,从而降低了灌浆料的流动性能。

因此消泡剂的使用对于套筒灌浆料的流动性能有着两面性,使用时应选择合适的范围,本次试验中在其他因素不变的情况下,消泡剂用量的合适范围在 0.1%~0.2%。

2)对灌浆料力学性能的影响

消泡剂对灌浆料强度的影响见表 10-11。

消泡剂对灌浆料强度的影响   表 10-11

水胶比	胶砂比	减水剂 /%	膨胀剂 /%	消泡剂 /%	粉煤灰 /%	矿粉 /%	硅灰 /%	1d 抗折 /MPa	1d 抗压 /MPa	3d 抗折 /MPa	3d 抗压 /MPa	28d 抗折 /MPa	28d 抗压 /MPa
0.22	1	1.5	0.02	0.0	6	6	6	6.8	43.6	10.6	69.3	14.7	90.4
0.22	1	1.5	0.02	0.1	6	6	6	7.2	45.8	11.2	72	16.2	104.6
0.22	1	1.5	0.02	0.2	6	6	6	8.5	47.9	11.9	74.7	16.7	101.2
0.22	1	1.5	0.02	0.3	6	6	6	8.3	47.4	11.8	75.6	15.9	103.8

图 10-7 为改变消泡剂用量时灌浆料 1d、3d、28d 抗折强度的变化,由图可以看出,随着消泡剂用量的增加,各龄期抗折强度先增加后减少。本次试验消泡剂用量范围为 0~0.3%,其中消泡剂用量为 0 的试验组抗折强度结果在各龄期最低;当消泡剂用量增加到 0.2%时,抗折强度在各龄期达到最大值,继续增加消泡剂用量,抗折强度降低。从图 10-7 中可以看出消泡剂用量在 0.3%时虽然比 0.2%时强度有所下降,但是比未用消泡剂的试验组强度要高。

图 10-8 为改变消泡剂用量时灌浆料 1d、3d、28d 抗压强度的变化,如图 10-8 所示,消泡剂用量对于 1d 和 3d 的强度影响很小,这两个龄期的抗压强度在消泡剂用量改变时,最大仅相差 3MPa 左右,其中 1d 抗压强度的变化幅度比 3d 强度的变化幅度要小一些,消

泡剂用量对于1d抗压强度的影响可以忽略不计。对于28d的数据结果，抗压强度随着消泡剂用量的增加先增加再减小。当消泡剂用量从0增加到0.1%时，28d的抗压强度增长幅度较大，增长了14.2MPa。与抗折强度相比，强度峰值所对应的消泡剂用量不同，抗压强度在消泡剂用量0.1%时达到峰值。

从各不同消泡剂用量试验组的抗折、抗压结果可以看出，在本次试验配比范围内，抗折和抗压强度在各龄期总体上表现出随着消泡剂用量的增加先增长再小幅降低的趋势。当消泡剂的掺量从无缓慢增加时，消泡剂的使用会对套筒灌浆料的强度有着较为可观的提升；当消泡剂掺量达到一定量，即达到临界值后，此时对于强度的提升并无益处，甚至还会降低灌浆料的强度。

由于套筒灌浆料对性能的要求，其水胶比通常较低并伴有高效减水剂和膨胀剂等外加剂的使用，因此灌浆料的内部结构中通常伴有大量气泡。从试验结果可知，虽然消泡剂的使用可以有效减少灌浆料内部的气泡，使材料更为密实，提高材料的强度，但是使用时需挑选一个适当的量；过度使用消泡剂虽然整体上依旧会比未使用消泡剂前抗压强度有所增长，但较大的用量所换来的增长幅度越来越小，并且会导致成本的增加，不经济适用。

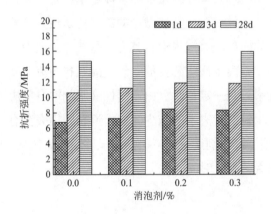

图10-7 消泡剂对抗折强度的影响　　　图10-8 消泡剂对抗压强度的影响

10.2.3 膨胀剂对灌浆料性能的影响

1）对灌浆料流动性能的影响

塑性膨胀剂对灌浆料流动度的影响见表10-12。

塑性膨胀剂对灌浆料流动度的影响　　表10-12

水胶比	胶砂比	减水剂/%	膨胀剂/%	消泡剂/%	粉煤灰/%	矿粉/%	硅灰/%	初始流动/mm	30min流动度/mm
0.22	1	1.5	0.00	0.2	6	6	6	345	330
0.22	1	1.5	0.01	0.2	6	6	6	340	325
0.22	1	1.5	0.02	0.2	6	6	6	335	320

续表

水胶比	胶砂比	减水剂/%	膨胀剂/%	消泡剂/%	粉煤灰/%	矿粉/%	硅灰/%	初始流动/mm	30min 流动度/mm
0.22	1	1.5	0.03	0.2	6	6	6	335	320
0.22	1	1.5	0.04	0.2	6	6	6	330	315
0.22	1	1.5	0.05	0.2	6	6	6	320	295

如图 10-9 所示为改变塑性膨胀剂剂量时灌浆料初始流动度和 30min 流动度保留值的变化情况，由图可以看出，塑性膨胀剂的增加总体上对于套筒灌浆料的流动度影响较小。当塑性膨胀剂用量在 0~0.03% 时，流动度随着塑性膨胀剂用量的增长有着微弱的减少，从 0 增加到 0.03%，初始流动度一共减少了 10mm；当塑性膨胀剂用量超过 0.03% 时，用量的增加对于初始流动度的影响有所增加，当用量从 0.04% 增到 0.05% 时，灌浆料初始流动度减少 10mm。对于 30min 流动度保留值，当塑性膨胀剂用量最大时（0.05%），半小时内流动度损失最大，损失的流动度值为 25mm。

塑性膨胀剂在套筒灌浆料水化反应中的工作机理是塑性膨胀剂在套筒灌浆料凝结硬化的过程中通过化学反应释放出氮气，形成许多微小氮气孔，这些微小的氮气孔是致使初始流动度有微弱改变的原因。但是对于灌浆料浆体内部的氮气气泡，其内部是气体，表面为包裹气泡的水膜，这些水膜的存在导致灌浆料中游离水比实际要低，致使灌浆料的流动度有着一定程度的减小；当塑性膨胀剂用量持续增大到一定量时，由于塑性膨胀剂本身反应过程中需要一定的水分，再加上大量气泡的产生致使游离水的减少，初始流动度损失会有一定的加大。对于 30min 流动度的保留值，从塑性膨胀剂用量为 0.05% 的试验组结果来看，塑性膨胀剂的大量使用还会加快套筒灌浆料的凝结硬化时间。

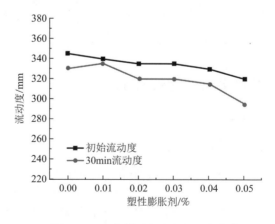

图 10-9　膨胀剂对流动度的影响曲线

2）对灌浆料力学性能的影响

塑性膨胀剂对灌浆料强度的影响见表 10-13。

塑性膨胀剂对灌浆料强度的影响   表 10-13

水胶比	胶砂比	减水剂/%	膨胀剂/%	消泡剂/%	粉煤灰/%	矿粉/%	硅灰/%	1d抗折/MPa	1d抗压/MPa	3d抗折/MPa	3d抗压/MPa	28d抗折/MPa	28d抗压/MPa
0.22	1	1.5	0.00	0.2	6	6	6	10	53.1	13.3	81.3	18.1	115.2
0.22	1	1.5	0.01	0.2	6	6	6	8.8	51.5	11.8	77.1	17.6	113.5
0.22	1	1.5	0.02	0.2	6	6	6	8.5	47.9	11.9	74.7	16.7	101.2
0.22	1	1.5	0.03	0.2	6	6	6	7.2	46.8	10.4	73.1	16	98.3
0.22	1	1.5	0.04	0.2	6	6	6	6.7	42.8	9.8	70.5	15.1	90.4
0.22	1	1.5	0.05	0.2	6	6	6	6.1	40.1	9.2	68.2	14.2	87.2

图 10-10 为改变膨胀剂用量时灌浆料 1d、3d、28d 抗折强度的变化，由图可以看出，套筒灌浆料在 1d、3d、28d 三个龄期的抗折强度结果呈现出一致的规律，即抗折强度都会随着膨胀剂用量的增加而增大。本次试验塑性膨胀剂的使用范围在 0~0.05%，当用量为 0（未掺膨胀剂）时，以 28d 抗折强度为例，其抗折强度为 18.1MPa；随着塑性膨胀剂用量从 0.01% 逐渐增加到 0.05%，其抗折强度分别下降为 17.6MPa、16.7MPa、16MPa、15.1MPa、14.2MPa，可以看到，在本次试验配比范围内，不用塑性膨胀剂的试验组与最大用量的试验组相比，其抗折强度下降约 21.5%。

图 10-11 为改变膨胀剂用量时灌浆料 1d、3d、28d 抗压强度的变化，由图可以看出，对于抗压强度的结果，1d、3d、28d 三个龄期的规律与抗折强度所示规律基本相同，都是随着塑性膨胀剂用量的增加强度减小，抗压强度最大的为未掺塑性膨胀剂的试验组。不同于抗折强度所示规律的是，当塑性膨胀剂用量掺量由 0 提升到 0.01% 时，在 1d 和 3d 这两个龄期时强度降低的幅度稍微明显一些，而对于 28d 的强度影响，其抗压强度变化幅度没有前两个龄期的幅度大。

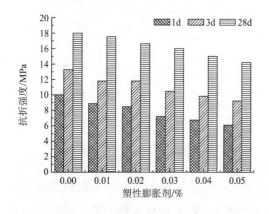

图 10-10 膨胀剂对于抗折强度的影响

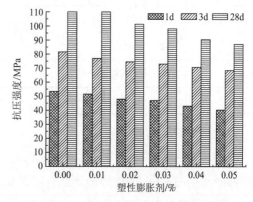

图 10-11 膨胀剂对于抗压强度的影响

从各不同塑性膨胀剂试验组的抗折、抗压结果可以看出，在本次试验配比范围内，塑性膨胀剂对套筒灌浆料的力学性能影响整体上呈现随着塑性膨胀剂用量的增加，抗压和抗折强度减小的趋势。对于套筒灌浆料，为了满足其性能需要，套筒与灌浆料之间需要有一定的粘结力，因此需要灌浆料具有一定的微膨胀性。本次试验所采取的塑性膨胀剂其机理是通过自身化学反应放出氮气，利用产生的无数微小氮气孔使灌浆料的体积在凝结硬化的过程中有所增大，这些微小的氮气泡填充套筒灌浆料内部结构，是导致抗压、抗折强度降低的主要原因。由于塑性膨胀剂在极其微小的用量时就可以通过化学反应放出大量的气体，使套筒灌浆料的内部充满大量的氮气泡，因此对于塑性膨胀剂，应该综合规范要求、实际需求以及对强度和竖向膨胀率的影响等因素考虑其用量的合适范围。

3）对灌浆料竖向膨胀性能的影响

为了保证套筒、灌浆料和钢筋之间紧密联合，竖向膨胀是套筒灌浆料必须有的特征。套筒灌浆料的微膨胀还可以在紧密连接套筒和钢筋的同时向套筒和钢筋施加一定的压力，即相当于做了一定的预应力处理，提高套筒连接构件的工作性能。表 10-14 为本次竖向膨胀性能的试验与测试数据。

膨胀剂对灌浆料膨胀性能的影响　　　　表 10-14

水胶比	胶砂比	减水剂/%	消泡剂/%	粉煤灰/%	矿粉/%	硅灰/%	塑性膨胀剂/%	UEA/%	膨胀性/mm		
									3h	24h	24h 与 3h 之差
0.22	1	1.2	0.2	6	6	6	0.01	0.00	0.17	0.08	-0.09
0.22	1	1.2	0.2	6	6	6	0.02	0.00	0.56	0.49	-0.07
0.22	1	1.2	0.2	6	6	6	0.03	0.00	1.54	1.48	-0.06
0.22	1	1.2	0.2	6	6	6	0.00	0.30	-0.01	-0.01	0
0.22	1	1.2	0.2	6	6	6	0.00	0.50	-0.006	-0.002	0.004
0.22	1	1.2	0.2	6	6	6	0.00	0.70	0.01	0.013	0.003
0.22	1	1.2	0.2	6	6	6	0.01	0.49	0.15	0.22	0.07
0.22	1	1.2	0.2	6	6	6	0.02	0.48	0.99	1.04	0.05
0.22	1	1.2	0.2	6	6	6	0.03	0.47	1.79	1.78	-0.01

（1）塑性膨胀剂的影响

图 10-12 为塑性膨胀剂对套筒灌浆料的竖向膨胀性能的影响。由图可以看出，单一使用塑性膨胀剂时，24h 内的竖向膨胀性能各试验组均表现为先增长而后有一定程度的缩减。对 3h 的竖向膨胀值影响，随着塑性膨胀剂的用量增加，膨胀数值成倍增长。用量 0.01% 时，灌浆料竖向尺寸增加了 0.17mm；用量 0.02% 时，灌浆料竖向尺寸数值为 0.56mm，增加了 0.39mm，增长数值约为 0.01% 用量时的 2 倍；用量 0.03% 时，灌浆料竖向尺寸数值为

1.54mm，增加了0.98mm，增长数值约为0.01%用量时的6倍，约0.02%用量时的2.5倍。对24h的竖向膨胀值影响，在本次试验范围内，塑性膨胀剂用量从0.01%到0.03%，竖向膨胀与3h膨胀数值比皆有一定的下降，缩减数值约为0.067mm。

从各不同塑性膨胀剂对套筒灌浆料的竖向膨胀性能的影响结果可以看出，塑性膨胀剂对套筒灌浆料的早期膨胀性能有着很大的影响。塑性膨胀剂是在灌浆料水化反应时通过自身的有效成分释放氮气，在浆体中形成大量氮气孔，从而增大灌浆料的体积。试验中还发现，在灌浆料没有凝结前，所测灌浆料的膨胀数值在快速持续增加；当灌浆料凝结后，所测灌浆料的膨胀数值增长缓慢，继续测量膨胀数值会有所下降。这说明塑性膨胀剂的工作效益主要集中在灌浆料凝结前，凝结硬化后很难再会对灌浆料的膨胀起作用。本次试验单独使用塑性膨胀剂时，膨胀性满足《钢筋连接用套筒灌浆料》JG/T 408—2019中的要求，但24h与3h膨胀性的差值不满规范的要求。

（2）UEA膨胀剂的影响

图10-13为UEA膨胀剂对套筒灌浆料的竖向膨胀性能的影响，由图可以看出，当UEA膨胀剂用量为0.3%和0.5%时，其变形为体积收缩，3h收缩数值分别为−0.01mm和−0.006mm；当UEA膨胀剂用量增加到0.7%时，体积变形才发生变化，由收缩改为膨胀，3h膨胀数值为0.01mm，整体上有着随UEA膨胀剂用量增大，灌浆料体积增大的趋势。不同于塑性膨胀剂，本次试验组的数据在24h时的测量值除了第一组外，其余均比3h的测量值要大，即所测的24h的竖向膨胀数值比3h的要大。

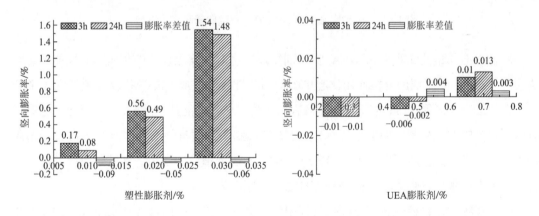

图10-12 塑性膨胀剂对竖向膨胀率的影响　　图10-13 UEA膨胀剂对竖向膨胀率的影响

从各个不同UEA膨胀剂用量对套筒灌浆料的竖向膨胀性能的影响结果可以看出，UEA对套筒灌浆料的早期膨胀性的提升与塑性膨胀剂比要远远不如。但在水泥凝结硬化后（即24h与3h的差值），UEA膨胀剂用量较少时，早期膨胀补偿数值跟不上灌浆料的自收缩，24h与3h的差值为负，灌浆料在早期依旧处于收缩状态；在UEA膨胀剂用量较多时，可以使得灌浆料的微膨数值在24h与3h的差值为正，凝结硬化后持续进行膨胀，但从试验结果可以看到3h膨胀数值较小,达不到规范要求,并且UEA膨胀剂用量较多时对流动度影响非常大。

(3)复合膨胀剂的影响

本次复合膨胀剂的试验研究将塑性膨胀剂的用量范围定位在0.01%～0.03%,并综合UEA膨胀剂对流动度的影响将UEA膨胀剂的用量定位在0.5%左右。

图10-14为塑性膨胀剂和UEA膨胀剂复掺对套筒灌浆料的竖向膨胀性能的影响,由图可以看出,随着复掺膨胀剂中塑性膨胀剂用量的增加,3h和24h的竖向膨胀数值也随之增加。当塑性+UEA膨胀剂的用量分别为0.01%+0.49%、0.02%+0.48%、0.03%+0.47%时,塑性膨胀剂24h差值分别为0.07mm、0.05mm、-0.01mm,可以看出随着塑性膨胀剂用量的增多,24h与3h的差值越来越小。

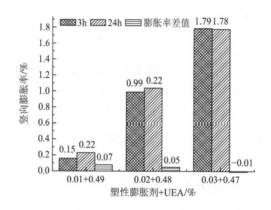

图10-14 塑性膨胀剂与UEA复掺对竖向膨胀率的影响

从各个不同塑性膨胀剂和UEA膨胀剂复掺用量对套筒灌浆料的竖向膨胀性能的影响结果可以看出,膨胀剂的复掺使用比起单个使用塑性膨胀剂或UEA膨胀剂,其膨胀性能要有很大的改进,既能让3h的竖向膨胀率达到规范要求,又能让24h与3h的竖向膨胀率差值达到规范要求。从图10-14可以看出,随着塑性膨胀剂用量的增多,24h与3h的差值越来越小,当塑性膨胀剂用量达到0.03%时,24h与3h差值已为负值,即灌浆料凝结硬化以后发生了先膨胀后自收缩。分析会发生自收缩的原因为:

塑性膨胀剂是在灌浆料凝结硬化过程中释放氮气填充结构内部达到膨胀效果;UEA膨胀剂是在灌浆料水化过程中通过反应生成钙矾石和氢氧化钙等晶体填充结构内部达到膨胀效果。当塑性膨胀剂用量在0.03%时,由于塑性膨胀剂放出了大量气体,使得灌浆料凝结硬化以后内部结构的孔隙较多,而这不够密实的结构会使UEA膨胀剂在水化过程中产生的钙矾石和一部分氢氧化钙用以填充了内部孔隙,从而无法使灌浆料在凝结硬化以后继续表现出膨胀的趋势。因此对于塑性膨胀剂的使用需要选择一个合适的量,过少则无法满足使用要求,过多则会影响强度以及UEA膨胀剂在灌浆料中的性能发挥。

10.2.4 小结

本研究的产品既要保证灌浆料的力学强度又要兼顾其流动性能和竖向膨胀率,在综合考虑多重性能的情况下,本节优化出高强大流态灌浆料专用复配组合为:减水剂(1.4%)+消泡剂(0.1%)+塑性膨胀剂(0.02%)+UEA(0.5%)。

10.3 高强大流态无收缩灌浆料组成设计与制备关键技术

本节主要探究了在不同水胶比、胶砂比和矿物掺合料用量的情况下,灌浆料流动性能和力学性能的变化规律,从而进一步得出高强度大流态灌浆料的配合比设计。

10.3.1 水胶比对灌浆料性能影响

1) 水胶比对流动性能的影响

水胶比对灌浆料流动性的影响见表 10-15。

水胶比对灌浆料流动性的影响　　表 10-15

水胶比	胶砂比	减水剂/%	膨胀剂/%	消泡剂/%	粉煤→初始流动 30min 流灰/%	矿粉/%	硅灰/%	初始流动度/mm	30min 流动度/mm
0.2	1	1.5	0.02	0.2	6	6	6	320	305
0.22	1	1.5	0.02	0.2	6	6	6	335	320
0.24	1	1.5	0.02	0.2	6	6	6	345	330
0.26	1	1.5	0.02	0.2	6	6	6	365	355

如图 10-15 所示,为改变水胶比时灌浆料初始流动度和 30min 流动度的变化情况。当水胶比在 0.20~0.24 范围内时,水胶比增加对于初始以及 30min 流动度的影响可近似看作是线性增加,共增长了约 15%。当水胶比继续由 0.24 增长至 0.26 时,流动度增长幅度加大,同时 30min 流动度的增长幅度要大于初始流动度的增长幅度,初始流动度增加了 20mm,30min 流动度保留值增加了 25mm。

从初始流动度曲线图可以看出,当水胶比增加时流动度增加,并且灌浆料高水胶比时要比低水胶比时对水敏感度更强,流动度增加幅度更快。从 30min 流动度保留值的曲线图可以看出,当水胶比较小时,半小时内流动度的损失也大;当水胶比较大时,灌浆料的用水量也增大,半小时内流动度损失量趋小,损失量要小于胶砂比的试验组。当水胶比增大时,套筒灌浆料的强度会随之降低,因此对于水胶比的选取不能单看流动度而增加水胶比,应综合二者选取适当的水胶比范围。

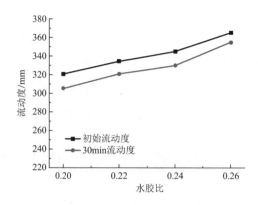

图 10-15 水胶比对流动度的影响曲线

2）水胶比对力学性能的影响

水胶比对灌浆料强度的影响见表 10-16。

水胶比对灌浆料强度的影响　　　　表 10-16

水胶比	胶砂比	减水剂/%	膨胀剂/%	消泡剂/%	粉煤灰/%	矿粉/%	硅灰/%	1d 抗折/MPa	1d 抗压/MPa	3d 抗折/MPa	3d 抗压/MPa	28d 抗折/MPa	28d 抗压/MPa
0.2	1	1.5	0.02	0.2	6	6	6	8.4	48.3	12.1	76.5	16.9	103.7
0.22	1	1.5	0.02	0.2	6	6	6	8.5	47.9	11.9	74.7	16.7	101.2
0.24	1	1.5	0.02	0.2	6	6	6	6.9	41.4	10.1	74.4	14.6	101.4
0.26	1	1.5	0.02	0.2	6	6	6	5.8	36.2	9.6	69.8	13.2	94.5

图 10-16 为改变水胶比时灌浆料 1d、3d、28d 抗折强度的变化，在本次试验水胶比的取值范围内可以看出，随着水胶比的降低，各试验组的抗折强度在 1d、3d 和 28d 时均表现出先增高而后平缓的趋势。当水胶比从 0.26 逐步降低到 0.22 时，套筒灌浆料的抗折强度逐渐提高，并且水胶比由 0.24 降为 0.22 时强度的增长趋势要大于水胶比由 0.26 降为 0.24 时的增长趋势。当水胶比从 0.22 降到 0.20 时，抗折强度也有少许的增加，但增加量并不明显，抗折强度的增长趋势已十分缓慢。

图 10-17 为改变水胶比时灌浆料 1d、3d、28d 抗压强度的变化，由图可知，套筒灌浆料随着水胶比的降低，各试验组在 1d 抗压强度规律与抗折强度的规律基本相同，都是在 0.22~0.26 水胶比范围内随着水胶比的降低而增大，水胶比小于 0.22 后强度增长趋势开始趋于平缓。对于 3d 的抗压强度，水胶比由 0.26 降为 0.24 时，强度提升了约 7MPa，水胶比小于 0.24 以后，继续降低水胶比，强度增长幅度非常小。在本次试验水胶比的取值范围内，28d 的抗压强度规律如下：整体上看，水胶比从 0.26 逐步降到 0.20 时，抗压强度是增大的，水胶比 0.20 时，抗压强度最大，强度为 103.7MPa，水胶比 0.26 时，抗压强度最小，强度为 94.5MPa，最大值比最小值高了 9.2MPa；而对于 0.22 和 0.24 水胶比这两个试验组，没有体现出强度的变化，所测结果为两者 28d 强度基本相同。并且在本次试验中，其他各因素不变，当水胶比增大到 0.28 时，试验组出现泌水现象。

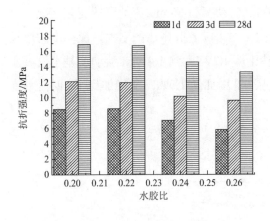

图 10-16 水胶比对抗折强度的影响

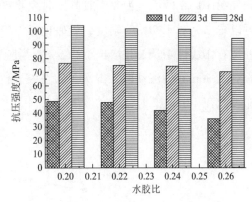

图 10-17 水胶比对抗压强度的影响

从各不同水胶比试验组的抗折、抗压结果可以看出，在本次试验配比范围内，水胶比对套筒灌浆料的力学性能影响整体上呈现随着水胶比的降低，抗压和抗折强度增大的趋势。对于套筒灌浆料强度的增加，可考虑适当降低水胶比。原因分析如下：

当水胶比过大时，在套筒灌浆料凝结硬化以后，原先内部结构中水所占的体积会因此变成空隙，降低灌浆料的强度；同时，水胶比越大，套筒灌浆料的浓稠度就会越低，不仅会使灌浆料容易出现泌水现象，而且灌浆料凝结硬化前浆体对骨料的托浮力会降低，容易导致骨料沉淀，致使材料在质量上存在缺陷。当水胶比降低时，抗压强度会因为水胶比的降低而增高，并且低水胶比的灌浆料，其浆体的浓稠度较好，不易出现泌水、骨料沉淀等现象，缺点是水胶比越低，浆体的黏度越大，致使套筒灌浆料灌入套筒的难度加大，不易施工。因此，在套筒灌浆料增加强度的方案中，不能单纯地为了强度而无节制的降低水胶比，应在综合便于施工的因素下有选择的降低水胶比。

10.3.2 胶砂比对灌浆料性能的影响

1）胶砂比对流动性能的影响

胶砂比对灌浆料流动性能的影响见表 10-17。

胶砂比对灌浆料流动性能的影响　　　　表 10-17

水胶比	胶砂比	减水剂/%	膨胀剂/%	消泡剂/%	粉煤→初始流动 30min 流灰/%	矿粉/%	硅灰/%	初始流动度/mm	30min 流动度/mm
0.22	1.2	1.5	0.02	0.2	6	6	6	340	315
0.22	1.4	1.5	0.02	0.2	6	6	6	340	320
0.22	0.8	1.5	0.02	0.2	6	6	6	325	310
0.22	1	1.0	0.02	0.2	6	6	6	310	255

如图 10-18 所示，为改变胶砂比时灌浆料初始流动度和 30min 流动度的变化情况，由图可以看出，对于初始流动度，胶砂比在 0.8~1.2 时，随着胶砂比的增大，流动度的增长可近似看作线性增长，共增长了约 6%；当胶砂比从 1.2 增大到 1.4 时，流动度基本没有变化。对于 30min 的流动度，本次试验在胶砂比从 0.8 增加到 1.0 和 1.2 增加到 1.4 时流动度增加，而在 1.0~1.2 时，流动度下降。

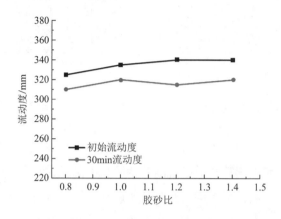

图 10-18　胶砂比对流动度的影响曲线

从各不同胶砂比试验组的流动度结果可以看出，在本次试验配比范围内，胶砂比对流动度的影响总体上是随着胶砂比的增大而增大。当胶砂比较低时，套筒灌浆料中的砂粒较多，由于砂子较重很难进行流动，从而阻碍浆体的流动，致使灌浆料的流动性较低；反之，当胶砂比增大时，砂的用量逐渐降低，因此砂对于套筒灌浆料浆体流动的阻碍作用也随之减少，从而灌浆料的流动性得到增加。从胶砂比由 1.2 增加到 1.4 时初始流动度变化甚微可以看出，胶砂比在增加到一定的临界点后，对流动度的增加效果开始减弱。

根据胶砂比对套筒灌浆料流动性影响的机理以及整体试验结果，在本次试验范围内，初始流动度和 30min 的流动度保留值都应该呈现出随着胶砂比增大而增大的趋势。然而试验中当胶砂比从 1.0 增至 1.2 时，30min 的流动度保留值却有所下降，与试验结论和机理分析相悖，原因分析如下：

（1）试验称量误差、原材料出场时间间隔过大、搅拌不够均匀、搅拌时间不够充分等原因造成试验误差。

（2）由于测量时间上出现误差、测量读数时出现误差造成流动度数值不满足规律。

2）胶砂比对力学性能的影响

胶砂比对灌浆料强度的影响见表 10-18。

图 10-19 为改变胶砂比时灌浆料 1d、3d、28d 抗折强度的变化，随着胶砂比从 0.8~1.4 的逐步提高，各试验组 1d、3d、28d 的抗折强度都表现出先提高而后降低的趋势。当胶砂比从 0.8 升高到 1.0 时，抗折强度有了明显的提高；当胶砂比继续增加至 1.2 时，其抗折强

度比 0.8 的试验组强度要高，比胶砂比为 1.0 的试验组强度要低；当胶砂比升至 1.4 时，强度进一步降低，其抗折强度比 0.8、1.0、1.2 的试验组抗折强度都要低。在本次试验范围内，1d、3d、28d 抗折强度的峰值表现在胶砂比为 1.0 的试验组。

胶砂比对灌浆料强度的影响　　　　　　　表 10-18

水胶比	胶砂比	减水剂/%	膨胀剂/%	消泡剂/%	粉煤灰/%	矿粉/%	硅灰/%	1d 抗折/MPa	1d 抗压/MPa	3d 抗折/MPa	3d 抗压/MPa	28d 抗折/MPa	28d 抗压/MPa
0.22	1.2	1.5	0.02	0.2	6	6	6	8.1	47.9	10.8	77.5	16.5	104.2
0.22	1.4	1.5	0.02	0.2	6	6	6	6.5	42.6	9.7	74.3	14.3	96.7
0.22	0.8	1.5	0.02	0.2	6	6	6	6.3	40.8	9.6	73.1	14.5	95.6
0.22	1	1.5	0.02	0.2	6	6	6	7.9	42.1	9.8	69.2	15.4	98.7

图 10-20 为改变胶砂比时灌浆料 1d、3d、28d 抗压强度的变化，从图中可以看出，各试验组的抗压强度在 1d 和 28d 时表现出先增高后降低的趋势，而对于 3d 的抗压强度各试验组变化幅度很小。当胶砂比在 0.8~1.2 范围内时，各试验组 1d 和 28d 的抗压强度均有 5~10MPa 不等的提升；当胶砂比大于 1.2 以后，抗压强度开始降低，由图 10-20 可以看到胶砂比为 1.4 的试验组其抗压强度要比 1.2 的试验组下降了约 9MPa，与 0.8 试验组的抗压强度大抵相同。不同于抗折强度，抗压强度的峰值表现在 1.2 胶砂比的试验组。

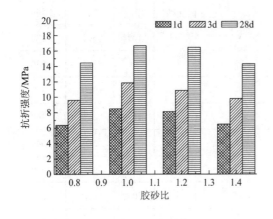

图 10-19　胶砂比对抗折强度的影响

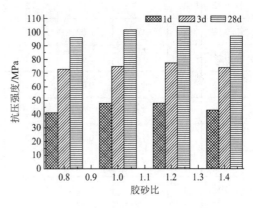

图 10-20　胶砂比对抗压强度的影响

从各不同胶砂比试验组的抗折、抗压结果可以看出，对于提高套筒灌浆料强度，不能无节制的选择提高胶凝材料用量的方法来提高其强度。在套筒灌浆料抗折和抗压强度达到峰值前，随着胶凝材料用量的增加，灌浆料的强度也随之提高，而达到峰值后，胶砂比提高反而会使强度有所降低，此时大量的使用胶凝材料不仅无法达到提高强度的目的，而且会因为胶凝材料用量的增加，而增加套筒灌浆料的成本。

随着胶砂比的提高，虽然胶凝材料的用量在随之增加，但是作为骨料的砂的用量却在减少。在套筒灌浆料凝结硬化后，由于胶砂比过大，作为骨架的砂子的用量过少，其内部结构会由于砂子的用量在逐步减少而无法得到更加密实的填充，因而套筒灌浆料的抗折和抗压强度会因为骨架的不够密实而降低。相反，当胶砂比较小时，砂子的用量较大，而胶凝材料的用量在降低，较少的胶凝材料无法全部包裹材料中的砂子，因而不仅会使得材料的强度较低，而且会产生骨料的沉淀，从而使得套筒灌浆料出现质量问题。

10.3.3 矿物掺合料对灌浆料性能的影响

1）矿物掺合料对流动性能的影响

矿物掺合料对灌浆料流动性的影响见表10-19。

矿物掺合料对灌浆料流动性的影响 表10-19

编号	水胶比	胶砂比	减水剂/%	膨胀剂/%	消泡剂/%	粉煤→初始流动30min 流灰/%	矿粉/%	硅灰/%	初始流动度/mm	30min 流动度/mm
1	0.22	1	1.5	0.02	0.2	—	—	—	330	315
2	0.22	1	1.5	0.02	0.2	5.0	—	—	345	325
3	0.22	1	1.5	0.02	0.2	—	5.0	—	360	355
4	0.22	1	1.5	0.02	0.2	—	—	5.0	325	310
5	0.22	1	1.5	0.02	0.2	10.0	—	—	355	325
6	0.22	1	1.5	0.02	0.2	—	10.0	—	355	340
7	0.22	1	1.5	0.02	0.2	—	—	10.0	310	280
8	0.22	1	1.5	0.02	0.2	15.0	—	—	355	330
9	0.22	1	1.5	0.02	0.2	—	15.0	—	360	350
10	0.22	1	1.5	0.02	0.2	—	—	15.0	285	260
11	0.22	1	1.5	0.02	0.2	20.0	—	—	360	345
12	0.22	1	1.5	0.02	0.2	—	20.0	—	365	350
13	0.22	1	1.5	0.02	0.2	—	—	20.0	260	230
14	0.22	1	1.5	0.02	0.2	5.0	15.0	—	355	345
15	0.22	1	1.5	0.02	0.2	7.5	12.5	—	350	340
16	0.22	1	1.5	0.02	0.2	10.0	10.0	—	355	340
17	0.22	1	1.5	0.02	0.2	12.5	7.5	—	355	340
18	0.22	1	1.5	0.02	0.2	15.0	5.0	—	350	335
19	0.22	1	1.5	0.02	0.2	—	5.0	15.0	295	265
20	0.22	1	1.5	0.02	0.2	—	7.5	12.5	315	300
21	0.22	1	1.5	0.02	0.2	—	10.0	10.0	320	305

续表

编号	水胶比	胶砂比	减水剂/%	膨胀剂/%	消泡剂/%	粉煤→初始流动 30min 流灰/%	矿粉/%	硅灰/%	初始流动度/mm	30min 流动度/mm
22	0.22	1	1.5	0.02	0.2	—	12.5	7.5	335	320
23	0.22	1	1.5	0.02	0.2	—	15.0	5.0	345	330
24	0.22	1	1.5	0.02	0.2	5.0	—	15.0	285	260
25	0.22	1	1.5	0.02	0.2	7.5	—	12.5	315	300
26	0.22	1	1.5	0.02	0.2	10.0	—	10.0	325	310
27	0.22	1	1.5	0.02	0.2	12.5	—	7.5	330	305
28	0.22	1	1.5	0.02	0.2	15.0	—	5.0	345	330

（1）矿物掺合料单掺

①单掺硅灰对灌浆料流动性能的影响分析

由图 10-21 和图 10-22 初始流动度和 30min 流动度的曲线可以得出，与未掺矿物掺合料的试验组相比，套筒灌浆料的初始流动性和 30min 的流动度保留值都随着硅灰用量的增加而减小。在本次试验中，当硅灰用量大于5%时，硅灰对流动度的影响程度开始增大；当硅灰用量达到 20%时，套筒初始流动度仅有 260mm，30min 的流动度保留值仅有 230mm（无流动性可言），远远低于规范对套筒灌浆料流动性能的要求。

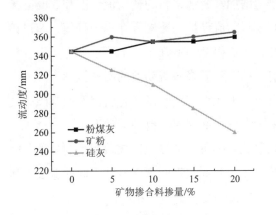

图 10-21　掺合料单掺的初始流动度曲线　　图 10-22　掺合料单掺的 30min 流动度曲线

通过前期的大量文献检索与阅读，笔者了解到胶凝材料中掺入少量硅灰会发生"硫化效应"，即当胶凝材料中混有少量硅灰时，由于硅灰的细度较小，可以填充在水泥颗粒之间，从而将水泥颗粒间的部分水量替换出来，增大灌浆料的流动性。换言之，随着硅灰用量从无到有的逐渐增多，灌浆料的流动度应该先增加再降低。本次试验的结果是随着硅灰用量的增加，灌浆料的流动度持续减小，与硅灰的"硫化效应"不符。原因分析为：本次试验硅灰用量改变量级是每次增加5%的用量。而实际上，硅灰的"硫化效应"可能是在 0～0.5%

用量之间有所体现，本次试验对于硅灰最低用量的取值已经超过"少量"的范围，降低灌浆料的流动度。

②单掺粉煤灰对灌浆料流动性能的影响分析

由图 10-21 和图 10-22 初始流动度和 30min 流动度的曲线可以得出，与未掺矿物掺合料的试验组相比，单掺粉煤灰对套筒灌浆料的初始流动性和 30min 的流动度保留值都有所增大，且都随着粉煤灰用量的增加而增大。

从上述结果可以看出，胶凝材料中掺入粉煤灰能够起到很好的减水效果，改善灌浆料对水的需求量，有效提高灌浆料的流动性。粉煤灰在灌浆料中的工作机理：

a. 由于粉煤灰的颗粒粒径与水泥颗粒的粒径等级不同，二者在骨料缝隙之间的填充作用相辅相成，能够使得骨料间的缝隙、水泥颗粒间的缝隙都得到更好的填充，从而使得材料内部比未掺矿物掺合料时均匀，并能够替换出空隙中的水分，从而增加灌浆料的流动性。

b. 本研究所使用的一级粉煤灰，其颗粒细，材料中所含的玻璃珠体较多，这些球状的玻璃珠体在灌浆料的浆体中滚动可以起到润滑作用，增大灌浆料的流动性。

c. 粉煤灰颗粒能吸附在带负电水泥颗粒的表面，将水泥颗粒有效分散开来，阻止浆体絮凝结构形成，同时释放大量水。这就意味着，相同用水量可以使浆体达到较大的流动度。

③单掺矿粉对灌浆料流动性能的影响分析

由图 10-21 和图 10-22 初始流动度和 30min 流动度的曲线可以得出，与未掺矿物掺合料的试验组相比，矿粉比起粉煤灰能够更有效的增加套筒灌浆料的初始流动度和 30min 流动度的保留值，但是不同于粉煤灰，矿粉对灌浆料的流动性的影响存在一个峰值，超过该峰值后继续增加矿粉用量会使灌浆料的流动度有一定程度的下降。

在矿粉对灌浆料的流动度影响达到峰值前，矿粉对灌浆料流动度的影响机理为：

a. 与粉煤灰和硅灰相同，矿粉也可以有效填充水泥颗粒之间以及骨料之间的空隙，使得灌浆料更加均匀和密实的同时释放出空隙中的水分，增加灌浆料的流动度。

b. 矿粉由于其表面积较大，能够有效地吸附试验中所用早强型聚羧酸减水剂分子，因此矿粉可以在表面形成双电层，该双电层能够破坏水泥颗粒表面由于电性不同而造成的絮凝结构，同时也能起到释放自由水的作用，达到使流动度增大的效果。

在矿粉对灌浆料的流动度影响达到峰值后，增加矿粉用量对灌浆料流动度的影响机理为：

矿粉是一个不规则的颗粒，因此当矿粉掺量越多时，浆体中的不规则颗粒也就随之增多，过多的不规则颗粒会导致颗粒间摩擦力的增加，从而使流动度比起峰值时有着一定程度的降低。本次试验中当矿粉用量为5%时，对灌浆料的流动性能增强效果最好。综合分析对比：硅灰、粉煤灰、矿粉三种矿物掺合料单掺皆对灌浆料的流动性能有着较大的影响。对比本次试验所用三种矿物掺合料的数据结果可以看出，对流动性能影响较好的是矿粉和粉煤灰，而硅灰的使用需要把控好掺量，用量不适，会降低灌浆料的流动度。在本次试验中，硅灰每次用量的增大，都会使得灌浆料流动性能有着较大程度的降低。

（2）矿物掺合料复掺

①硅灰与粉煤灰复掺对灌浆料流动性能的影响分析

由图 10-23 和图 10-24 初始流动度和 30min 流动度的曲线可以得出，当硅灰与粉煤灰的总量固定在 20%时，对于硅灰与粉煤灰复掺的试验组，初始流动度和 30min 流动度保留值均会随着硅灰用量的增加而持续降低。当硅灰的用量超过 12.5%时，灌浆料初始流动度和 30min 流动度保留值下降的幅度增大，0.5h 内的流动损失量增加。

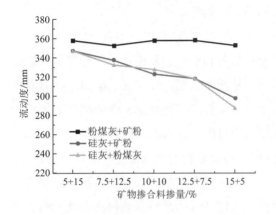
图 10-23 掺合料复掺的初始流动度曲线

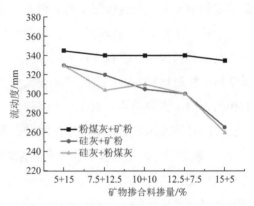
图 10-24 掺合料复掺的 30min 流动度曲线

由上述粉煤灰和硅灰单掺对流动度影响的结论可知，粉煤灰的掺入会增大灌浆料的需水量，但是比硅灰需水量要小得多，因此会使浆体需水量呈整体下降的趋势。当硅灰与粉煤灰复掺时，随着硅灰掺量增加，粉煤灰掺量减少，流动度下降；反之，随着硅灰掺量减少，粉煤灰掺量增加，流动度增加。工作机理如下：

当硅灰的掺量持续增加时，硅灰常会以成块的形式存在，堵塞灌浆料浆体内部水分的渗透路径，再加上硅灰较细的颗粒，其表面积较大，因而造成硅灰的需水量比水泥和粉煤灰大得多，降低了灌浆料的流动性能。对于粉煤灰，如上节所述，粉煤灰中的球形玻璃珠在灌浆料的浆体中滚动可以像润滑剂一样减少浆体内各颗粒间的摩擦力，并且粉煤灰还可以替换出水泥颗粒间的水分，起到增大流动度的作用。

②硅灰与矿粉复掺对灌浆料流动性能的影响分析

由图 10-23 和图 10-24 初始流动度和 30min 流动度的曲线可以得出，当硅灰与矿粉的总量固定在 20%时，对于硅灰与矿粉复掺的试验组，其对灌浆料流动性能的影响规律有些类似，初始流动度以及 30min 流动度都随着硅灰用量的增加而降低。当硅灰用量为 15%时，硅灰与矿粉复掺的试验组初始流动度和 30min 的流动度比硅灰与粉煤灰复掺的试验组要高一些。

由前述可知，随着硅灰掺入量的增加会使灌浆料的浆体变得越来越黏稠，流动度越来越低；而矿粉则可以通过形成双电层表面，破坏水泥颗粒表面絮凝结构，释放自由水等方式增大灌浆料的流动度。由于整体影响规律与硅灰、粉煤灰复掺有很多相似之处，因此该体系对流动度的影响规律和硅灰与粉煤灰复掺时基本相同，不同的是硅灰在相同掺量时，两种体系的灌浆料流动度大小不同。

③矿粉与粉煤灰复掺对灌浆料流动性能的影响分析

由图 10-23 和图 10-24 初始流动度和 30min 流动度的曲线可以得出，灌浆料中复掺粉煤灰与矿粉，其初始流动度和 30min 流动度比其他两种复掺体系都要高，并且随着粉煤灰和矿粉掺量的改变，灌浆料的流动性变化幅度并不大，整体上随着粉煤灰用量的增加，初始流动度和 30min 流动度保留值有着微弱的先增再减的趋势。

对于粉煤灰和矿粉的复掺体系，其对灌浆料流动性能的改善效果较好，流动性能较未掺入矿物掺合料的试验组有着较大的提升。对于粉煤灰和矿粉的复掺体系，粉煤灰和矿粉使灌浆料中胶凝材料的颗粒级配得到很大的改善，从而使水泥、粉煤灰、矿粉之间有着更好的相辅作用，颗粒间的空隙在三种复掺体系中有着最好的填充效果，使得结构更加均匀和密实，同时替换出来更多空隙中的水分，使之成为自由水，增大灌浆料的流动性能。

硅灰、粉煤灰、矿粉三种矿物掺合料两两复掺皆对灌浆料的流动性能有着较大的影响。通过对三种复掺体系流动度曲线的对比分析可知，粉煤灰和矿粉放入复掺体系对灌浆料流动性能的提升效果最好；硅灰和矿粉、硅灰和粉煤灰这两种体系对灌浆料流动性能的影响虽然有区别，但是相差不是很多，总体上硅灰和矿粉的体系效果好些。

2）矿物掺合料对力学性能的影响

矿物掺合料对灌浆料力学性能的影响见表 10-20。

矿物掺合料对灌浆料力学性能的影响　　　　表 10-20

编号	水胶比	胶砂比	减水剂/%	膨胀剂/%	消泡剂/%	粉煤灰/%	矿粉/%	硅灰/%	1d 抗折强度/MPa	1d 抗压强度/MPa	3d 抗折强度/MPa	3d 抗压强度/MPa	28d 抗折强度/MPa	28d 抗压强度/MPa
1	0.22	1	1.5	0.02	0.2	—	—	—	6.1	41.5	11.1	73.2	15.8	92.6
2	0.22	1	1.5	0.02	0.2	5.0	—	—	6.3	41.2	11.2	72.9	16	94.7
3	0.22	1	1.5	0.02	0.2	—	5.0	—	7.4	38.3	10.9	75.6	16.2	99.4
4	0.22	1	1.5	0.02	0.2	—	—	5.0	7.9	49.6	12.9	82.1	16.21	97.2
5	0.22	1	1.5	0.02	0.2	10.0	—	—	5.9	38.6	10.3	70.2	16.4	98.7
6	0.22	1	1.5	0.02	0.2	—	10.0	—	5.2	37.4	11	71.5	16.7	105.4
7	0.22	1	1.5	0.02	0.2	—	—	10.0	5.2	32.8	10.6	69.3	16.1	102.1
8	0.22	1	1.5	0.02	0.2	15.0	—	—	5.8	37.2	10.4	68.4	16.3	96.4
9	0.22	1	1.5	0.02	0.2	—	15.0	—	5	33.5	10.5	69.3	16.2	102.6
10	0.22	1	1.5	0.02	0.2	—	—	15.0	4.1	29.6	10.1	62.2	14.1	89.4
11	0.22	1	1.5	0.02	0.2	20.0	—	—	4.8	31.2	9.8	64.7	15.4	91.3

续表

编号	水胶比	胶砂比	减水剂/%	膨胀剂/%	消泡剂/%	粉煤灰/%	矿粉/%	硅灰/%	1d抗折强度/MPa	1d抗压强度/MPa	3d抗折强度/MPa	3d抗压强度/MPa	28d抗折强度/MPa	28d抗压强度/MPa
12	0.22	1	1.5	0.02	0.2	—	20.0	—	4.2	29.8	9.6	67.8	16.1	94.6
13	0.22	1	1.5	0.02	0.2	—	—	20.0	3.8	25.6	7.3	55.8	12.3	80.1
14	0.22	1	1.5	0.02	0.2	5.0	15.0	—	5.8	38.2	11.5	75.5	16.8	102.3
15	0.22	1	1.5	0.02	0.2	7.5	12.5	—	6	39.2	11.8	78.9	16.5	104.9
16	0.22	1	1.5	0.02	0.2	10.0	10.0	—	6.1	40.7	12	78.8	16.8	104.1
17	0.22	1	1.5	0.02	0.2	12.5	7.5	—	6.1	40.1	11.3	73.5	16.2	101.5
18	0.22	1	1.5	0.02	0.2	15.0	5.0	—	6.7	42.1	11.7	73.9	16.2	98.6
19	0.22	1	1.5	0.02	0.2	—	5.0	15.0	4.9	35.5	10.7	65.1	15.6	91.6
20	0.22	1	1.5	0.02	0.2	—	7.5	12.5	0.3	40.8	11.2	70.6	15.9	98.3
21	0.22	1	1.5	0.02	0.2	—	10.0	10.0	7.6	47.7	12.5	76.4	16.5	103.6
22	0.22	1	1.5	0.02	0.2	—	12.5	7.5	2	52.5	12.3	79.2	16.9	105.4
23	0.22	1	1.5	0.02	0.2	—	15.0	5.0	8.5	52.3	13.8	79.3	17.4	106.3
24	0.22	1	1.5	0.02	0.2	5.0	—	15.0	4.1	31.6	9.3	62.8	13.1	85.7
25	0.22	1	1.5	0.02	0.2	7.5	—	12.5	5.2	37.4	10	69.7	15.7	92.5
26	0.22	1	1.5	0.02	0.2	10.0	—	10.0	5.9	41.6	10.5	73.3	16.1	98.1
27	0.22	1	1.5	0.02	0.2	12.5	—	7.5	6.8	44.1	11.4	75.5	16.61	100.2
28	0.22	1	1.5	0.02	0.2	15.0	—	5.0	6.4	44.9	12	76.3	16.3	99.6

（1）矿物掺合料单掺

图 10-25～图 10-27 是单掺粉煤灰、矿粉、硅灰时 1d、3d、28d 的抗折强度曲线图；图 10-28～图 10-30 是单掺粉煤灰、矿粉、硅灰时 1d、3d、28d 的抗压强度曲线图。

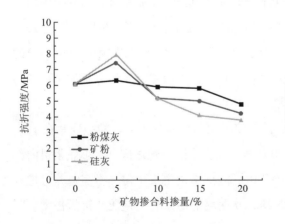

图 10-25 矿物掺合料单掺 1d 抗折强度

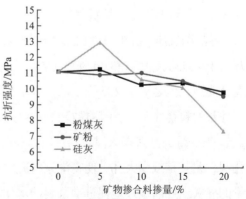

图 10-26 矿物掺合料单掺 3d 抗折强度

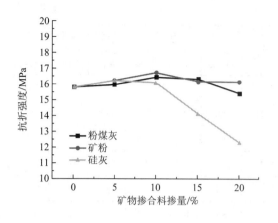

图 10-27　矿物掺合料单掺 28d 抗折强度

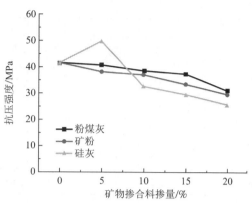

图 10-28　矿物掺合料单掺 1d 抗压强度

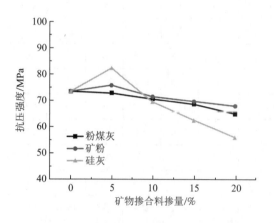

图 10-29　矿物掺合料单掺 3d 抗压强度

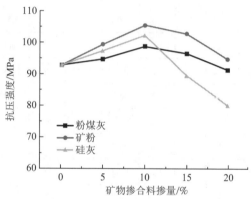

图 10-30　矿物掺合料单掺 28d 抗压强度

①单掺硅灰对灌浆料抗折抗压强度影响分析

由图 10-25～图 10-30 可以得出,与未掺任何矿物掺合料的试验组相比,当胶凝材料中少量掺入硅灰(5%)时可较大程度地提高灌浆料各龄期的抗压、抗折强度;当硅灰用量超过 5% 时,各龄期抗压、抗折强度开始随着硅灰用量的增加而减小;当硅灰用量超过 10% 以后,各龄期抗压、抗折强度比未掺矿物掺合料的试验组要低。由图可以看出,单掺 5% 的硅灰对于早期强度(1d 和 3d 强度)的提升有着很大的益处,比单掺 5% 粉煤灰和矿粉时的强度都要高,但是对于 28d 强度的提升不如粉煤灰和矿粉。

硅灰的粒径非常小,平均粒径只有 0.1μm,而套筒灌浆料中水泥的平均粒径通常在 10～29μm,当少量的硅灰掺入灌浆料中时,可以很好地填充在水凝颗粒之间,减小灌浆料内部的孔洞,尤其是减少大孔,使得灌浆料凝结硬化以后内部结构更加均匀和密实,并且掺入适量的硅灰还可以很好地促进灌浆料的水化反应,从而增加灌浆料的抗压、抗折强度。对于本次试验,硅灰掺入最适合的量为 5%,超过该量以后会无法很好地达到上述效果。

②单掺粉煤灰对灌浆料抗折、抗压强度影响分析

由图 10-25~图 10-30 可以得出，与未掺任何矿物掺合料的试验组相比，当掺入粉煤灰以后早期（1d、3d）抗折强度有所下降，28d 的抗折强度随粉煤灰的增加先有一定增大而后减小，对于抗压强度，总体上亦表现出相同的规律。当粉煤灰用量达到 20% 时，各龄期的强度均比未掺入矿物掺合料的试验组强度要低，且当粉煤灰掺入量为 10% 时，强度达到峰值。

由上述试验结果可知，适量粉煤灰的掺入会使得后期强度增大，该结论符合火山灰效应的机理，即在水泥水化的后期会发挥更好的效应。

粉煤灰火山灰效应是指粉煤灰中的化学成分含有大量活性 SiO_2 及 Al_2O_3，在潮湿的环境中与水泥水化产物的 $Ca(OH)_2$ 等碱性物质发生二次水化反应，从而增强混凝土的强度。但是由于粉煤灰与 $Ca(OH)_2$ 薄膜之间存在水解层，阻挡了早期的二次水化反应，因此掺入粉煤灰会使早期强度降低；后期随着粉煤灰火山灰的反应产物将水解层填满，灌浆料将产生二次水化反应，从而增强后期强度。

③单掺矿粉对灌浆料抗折抗压强度影响分析

由图 10-25~图 10-30 可以得出，与未掺任何掺合料的试验组相比，矿粉对于套筒灌浆料抗压、抗折强度的影响规律有相同之处。对于早期（1d）的抗压、抗折强度皆比未掺任何矿物掺合料的试验组要低，对 3d、28d 的抗压抗折强度则会随着矿粉用量的增加先增大再减小。不同于粉煤灰影响结果的是，当矿粉掺入 20% 时，其 28d 的抗压抗强度虽然比峰值低，但是比未掺任何矿物掺合料的试验组要高，其 3d 抗压、抗折强度的峰值出现在矿粉掺量为 5% 的试验组，28d 抗压、抗折强度的峰值出现在矿粉掺量为 10% 的试验组。

矿粉与粉煤灰相同，都存在着二次反应，并且二次反应主要发生在灌浆料水泥水化的后期，因此随着矿粉的掺量加大，28d 的抗折与抗压强度逐渐增加。从试验结果可以看出：矿粉的掺入对于 1d 的强度无益，强度降低；而对于 3d 和 28d 的强度，适量矿粉的掺入会增强灌浆料的强度；矿粉的掺入量并不是越多越好，过量的矿粉对灌浆料的强度有害无益，原因分析为：

a. 矿粉的掺入会降低体系的水化热，因此过量的掺入矿粉会使得早期水化的反应速度降低，从而降低灌浆料早期（1d）的抗压、抗折强度。

b. 在相同胶凝材料的比例下，矿粉掺入的越多，就意味着水泥被替换的越多，从而降低了水泥的含量，胶凝材料中的活性组分大大降低，致使灌浆料的抗压、抗折强度降低。

从上述对硅灰、粉煤灰、矿粉单掺对灌浆料的影响分析中可知，单掺适量的硅灰、粉煤灰、矿粉对灌浆料的抗压、抗折强度都会有一定增强，尤其是对于 28d 的强度。从抗压、抗折的曲线图上可以得知，在这三种矿物掺合料中，对套筒灌浆料早期强度增加最多的是硅灰，对套筒灌浆料后期强度增加最多的是矿粉。

（2）矿物掺合料复掺

图 10-31~图 10-33 是复掺粉煤灰、矿粉、硅灰时 1d、3d、28d 的抗折强度曲线图；

图 10-34～图 10-36 是复掺粉煤灰、矿粉、硅灰时 1d、3d、28d 的抗压强度曲线图。

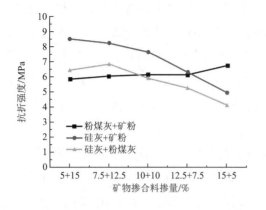

图 10-31　矿物掺合料复掺 1d 抗折强度

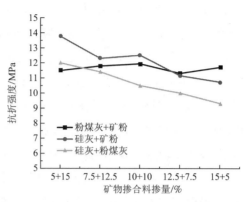

图 10-32　矿物掺合料复掺 3d 抗折强度

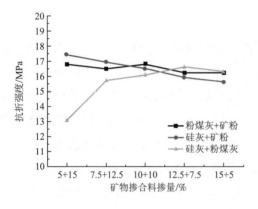

图 10-33　矿物掺合料复掺 28d 抗折强度

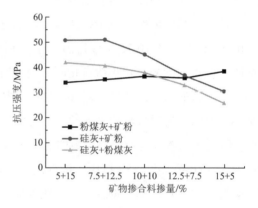

图 10-34　矿物掺合料复掺 1d 抗压强度

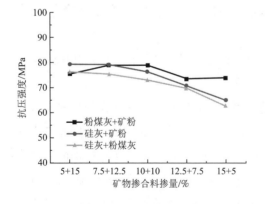

图 10-35　矿物掺合料复掺 3d 抗压强度

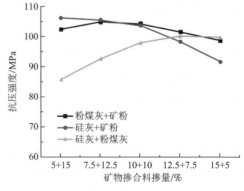

图 10-36　矿物掺合料复掺 28d 抗压强度

① 硅灰与粉煤灰复掺对灌浆料抗折、抗压强度影响分析

由图 10-31～图 10-36 可以得出，当硅灰掺量在 5% 时，两者复掺对灌浆料早期抗压、

抗折强度的增强效果要比单掺粉煤灰高，对灌浆料后期抗压、抗折强度的增强效果要比单掺硅灰高。由图可知，当硅灰用量超过5%以后，在两者复掺总量为20%的情况下，随着粉煤灰在两者中用量的不断减少，硅灰用量的增加，对于1d和3d的抗压、抗折强度在逐渐降低，对于28d的抗压、抗折强度依旧在增长，但增长幅度随着硅灰的增加在减缓。

硅灰与粉煤灰的复掺将硅灰颗粒细的特点，粉煤灰的火山灰效应集中在同一灌浆材料中，因此使得套筒灌浆料的早期强度比单掺粉煤灰提高，后期强度则比单掺硅灰时还要高。硅灰与粉煤灰的复掺，能够有效发挥两者火山灰效应、填充效应和微集料效应，以及两者相互补充作用使硬化后浆体内部结构更加致密，使孔缝尺寸缩小，同时降低了孔数量，致使双掺比单掺效果要好。对于该体系的灌浆料的胶凝材料组成，其水泥、硅灰、粉煤灰三种胶凝材料的平均粒径皆不相同（水泥>粉煤灰>硅灰），因而可以更好的相互填充，使得灌浆料的内部结构更加均匀和密实。

②硅灰与矿粉复掺对灌浆料抗折、抗压强度影响分析

由图10-31~图10-36可以得出，当硅灰掺量在5%时，两者复掺对灌浆料各龄期的抗压、抗折强度的增强效果要比单掺矿粉或者单掺硅灰高，但是当硅灰用量超过5%以后，在两者复掺总量为20%的情况下，随着矿粉在两者中用量的不断减少，硅灰用量增加，其各龄期的抗压、抗折强度都在下降。当硅灰用量增加到15%时，对于28d的强度，其强度小于硅灰与粉煤灰的组合。

对于硅灰与矿粉的组合，在本次试验范围内，当硅灰用量在5%时，该组合对套筒灌浆料的强度增长十分有利；当硅灰继续增大，矿粉比例减小时，其对套筒灌浆料的强度不利。

③矿粉与粉煤灰复掺对灌浆料抗折、抗压强度影响分析

由图10-31~图10-36可以得出，在两者复掺总量为20%的情况下，随着矿粉在两者中用量的不断减少，粉煤灰用量增加，1d、3d、28d各龄期的抗压、抗折强度先升高再降低。且在本次试验范围内，两者复掺对灌浆料强度影响的峰值也是三种复掺方案中最低的。当粉煤灰用量15%，矿粉用量5%时，灌浆料的28d的抗压强度达到峰值。从两者混掺对灌浆料强度影响的规律看，粉煤灰对后期的抗压、抗折强度贡献较大。

从灌浆料强度随粉煤灰用量增加，矿粉用量减少先升高再降低可以看出，在粉煤灰和矿粉复掺时，合理的复掺比例可以有效改善套筒灌浆料各龄期的强度，同时，对于1d的强度，其增长幅度要弱于3d和28d强度的增长幅度。原因分析如下：

a. 火山灰效应的复合：从上述可知，水泥水化的产物$Ca(OH)_2$等碱性物质可与矿粉与粉煤灰发生二次水化反应，从而提高灌浆料的后期强度。比起粉煤灰，矿粉的活性更大，由单掺矿物掺合料抗折、抗压强度的曲线图可知，由于活性较大，矿粉对早期强度的影响大于粉煤灰，而粉煤灰对后期强度的改善大于矿粉，两者各自发挥优势，相互补充。

b. 由于矿粉活性比粉煤灰大，矿粉会先一步进行水化反应，因此矿粉水化后会使灌浆料中的碱度增大，从而使粉煤灰的水化反应比起单独掺入时有一定程度的加快。

从上述硅灰、粉煤灰、矿粉两两复掺对灌浆料的影响分析中可以知道，三种矿物掺合料适当比例的两两复掺对灌浆料的抗压、抗折强度都会有一定增强，尤其是硅灰或者粉煤灰复合5%的硅灰试验组，对抗压、抗折的强度增加最为显著。从抗压、抗折的曲线图可知，对于灌浆料的抗压、抗折强度，峰值出现在硅灰与矿粉复掺的组合中，在本次试验范围内，15%矿粉复掺5%的硅灰是各龄期内强度最好的组合。

10.3.4 灌浆料配合比的确定

总结并分析本章试验数据，确定灌浆料的最终配合比见表10-21。

灌浆料最终配合比   表10-21

水胶比	胶砂比	减水剂	塑性膨胀剂	UEA	消泡剂	粉煤灰	矿粉	硅灰
0.2	1.3	1.5%	0.02%	0.5%	0.1%	5%	5%	8%

在该配合比情况下，灌浆料的性质见表10-22。

灌浆料的性质   表10-22

初始流动度/mm	30min流动度/mm	1d抗折强度/MPa	1d抗压强度/MPa	3d抗折强度/MPa	3d抗压强度/MPa	28d抗折强度/MPa	28d抗压强度/MPa	膨胀性/%		
								3h	24h	24h与3h之差
355	335	7.3	38.5	12.8	69.3	17.2	112.1	0.15	0.22	0.07

由表10-22中的数据可知该配合比满足项目的设计要求。

10.4 高强大流态无收缩灌浆料施工工艺

10.4.1 灌浆料施工工艺

1）清理与构件吊装固定

该工程采用全灌浆套筒，首先需要组建一支高素质和高水平的操作人员，同时保证施工管理具备一定的时效性。在施工前，需要结合材料标准规范审查所使用的材料和相关的施工技术，操作人员需严格检查建筑钢筋的所有特性，包括规格、长度、轴心位置等。清理套筒灌浆腔及施工各孔道，避免异物影响工程质量，还要检查连接部位，实现构件吊装的固定并进行分仓与接缝封堵，紧接着依次实现灌浆料的搅拌、检验、注浆，最后通过橡胶塞封堵。工程结束后需要清理机具，并对加点实施保护工作。在吊装前，应先检验下方结构钢筋的位置和长度是否符合要求，钢筋表面无严重锈蚀、无粘结物。应将构件的水平接缝基础面清理干净，遇到高温天气或者干燥的气候，需要对其接触表面做湿润处理，保证水量适宜，不得形成积水。构件吊装安装时需要注意安装位置，通常情况下可使用调垫铁调平其安装基础面，保证平面之后构件吊装到位。

2）分仓与接缝封堵

分仓与接缝封堵的实施步骤较复杂，首先需要保证封堵的严密性，避免出现压力注浆漏浆的状况。灌浆泵灌浆分为电动和手动，两者的要求不同。手动灌浆泵灌浆对单仓有一定的长度限制，一般不超过 0.3m。电动灌浆泵灌浆时要求结合实际情况确定单仓长度，通常情况下，单仓长度不超过 1m；在实体灌浆试验中可以结合数据进行调整，但最大长度不能超过 3m，灌浆的阻力、压力和时间、仓体大小呈正比，超过规定的范围会造成不利的影响。分仓有一定的隔墙宽度要求，一般在 2cm 以上。为了避免遮挡套筒孔口，其距离连接钢筋外缘大于 4cm。为了保证与上下构件表面结合牢固，需要将封堵料填塞充满模板。分仓后做出分仓标记，同时记录分仓时间，为之后的灌浆提供有效依据。

3）灌浆料拌制和注浆

此过程一般采用电子秤称取 25kg 高强灌浆料，用量水杯取水 3.25L，保证使用的刻度具备一定的标准性；然后拌制灌浆料，此过程需要在入搅拌容器前完成，并按照科学的比例进行搅拌；接着加入拌合水，边搅拌边加入高强灌浆料，其加入容量保证在约 80% 搅拌容器容量；随后当搅拌容器内浆料搅拌均匀后，便可以将剩余的高强灌浆料倒入容器内，再次搅拌均匀，时间控制在 4min 以上，静置 2~3min 后便会排出定量的气泡，灌浆料搅拌完成。施工前需要对灌浆料初始流动度进行检验，并将检测结果完整记录下来，流动度检验达到合格的便可以使用。灌浆料初始流动度应大于 300mm，30min 后流动度大于 260mm 为合格。如果环境温度超过 35℃，必须经过实际可操作检验，并保证灌浆施工时间在规定的时间内完成。搅拌合格的灌浆料可倒入灌浆机，需要保证灌浆机上端存在滤网，其作用是避免存在块状杂物造成灌浆管道堵塞。灌浆前需要检查各接头的灌浆孔是否洁净，确保孔路畅通，同时也要对出浆孔进行检查。用灌浆泵进行压力灌浆，通常情况下，正常灌浆浆料需要按满足浆料需要的水分加入定量的自来水，搅拌均匀后，在 20~30min 内灌完。一个仓只能在一个灌浆孔灌浆；同一仓在连续灌浆时，避免出现中途停顿的情况，若中途停顿，再次灌浆时需要保证其足够的流动性，先打开浆孔使灌浆料流进后再堵孔。

4）橡胶塞封堵与节点保护

接头灌浆过程中，当浆料在接头上方的排浆孔流出后，需用专用橡胶塞封堵；当灌浆泵口撤离灌浆孔时，应立即封堵。通过水平缝连通腔一次向构件的多个接头灌浆时，应按浆料排出先后顺序，依次封堵灌浆排浆孔，直至所有灌排浆孔出浆封堵牢固后再停止灌浆，有漏浆的情况要立即补灌损失的浆料。在灌浆完成、浆料凝固前，需要检查已灌浆的接头，灌浆料凝固后，要检查凝固的灌浆料上表面是否高于排浆孔下缘 5mm 以上，并对其过程进行记录。当灌浆结束后，需要清洗各类器具，包括灌浆机、压力管等，避免残浆凝固后堵塞灌浆管道。灌浆后灌浆料同条件试块强度达 35MPa 后，方可进入后续施工（扰动）。通常，环境温度在 15℃ 以上时，24h 内构件不得受扰动；5~15℃ 时，48h 内构件不得受扰动；

5℃以下时，视情况而定。如对构件接头部位采取加热保温措施，要保持加热5℃以上至少48h，期间构件不得受扰动。

10.4.2 装配式套筒灌浆技术质量控制与检测方法

1）灌注质量控制

灌浆料拌制完成后应使用压力储浆罐、注送泵等设备将材料运输至施工现场。为了避免材料发生物理变化，需要将灌浆料灌输到设备中，这就要求在灌输过程中，依靠完整的注浆通道来完成此道工序，一般情况下可将浆孔与注浆管相连接。在灌注的过程中，施工人员需要时刻注视浆孔，避免出现严重堵塞的情况。在遇到灌浆液流出的情况时，要及时堵住浆孔，并且在此期间需要控制30s左右的保压时长，避免有灌浆料被内部压强溢出。在进行灌浆时，需要把控灌浆速度。为了保证灌浆效果，需要在30min内完成注浆，并在注浆前加强注浆孔观察，避免使用有灌浆料的浆孔，进而提高灌浆质量。

2）灌注材料的进场检测

建筑工程中使用灌浆套筒技术时需要重视灌浆材料的进场检测，其材料是决定连接强度的主要因素，灌浆液的组成部分有水泥、骨料和水等。灌浆液的高性能需要通过合理的搅拌、科学的配比以及不同原料的质量均能达到施工标准来保障。灌浆材料具备较强的流动性和微膨胀特性，施工人员在拌制过程中需要将材料的特性发挥出来，这样才能有效地实现预期连接效果。由于灌浆材料进场到使用有一定的时间间隔，因此需要对其做好养护工作和质量检测，还要对接头设施进行检测，包括其质量、尺寸、标识等。

3）套筒灌浆质量检测方法

为了保证使用装配式套筒灌浆技术后的施工质量，需要采取科学的质量检测方法来进行判断。使用套筒灌浆技术的质量检测依据是灌浆饱满度，故通过测试灌浆饱满度可以明确施工质量。在施工过程中，需要观察浆孔是否有灌浆液排出。由于施工过程中存在较多肉眼看不到的质量隐患，导致不能满足施工技术标准，通常情况下，建筑行业常用的套筒灌浆饱满度检测方法主要有灌浆工艺体积法、超声波法、钻芯取样检测法、X射线法、CT检测法等，需结合装配式建筑施工条件，合理选择灌浆质量检测方法。